KB126389

어떻게 부자가 될 수 있을까

생각하라 그러면
부자가 되리라

와일드북
와일드북은 한국평생교육원의 출판 브랜드입니다.
이 책은 1932년에 출간된 "think and grow rich"의
초판본 번역본으로써 일부 내용을 편역했습니다.

어떻게 부자가 될 수 있을까

생각하라 그러면 부자가 되리라

초판 1쇄 발행 · 2021년 05월 05일
초판 33쇄 발행 · 2024년 10월 20일

지은이 · 나폴레온 힐
편 역 · 유광선·최강석
발행인 · 유광선
발행처 · 한국평생교육원
편 집 · 장운갑
디자인 · 이종헌

주 소 · (대전) 대전광역시 유성구 도안대로589번길 13 2층
주 소 · (서울) 서울시 서초구 반포대로 14길 30(센츄리 1차오피스텔 1107호)
전 화 · (대전) 042-533-9333 / (서울) 02-597-2228
팩 스 · (대전) 0505-403-3331 / (서울) 02-597-2229

등록번호 · 제2015-30호
이메일 · klec2228@gmail.com

ISBN 979-11-88393-43-5 (13320)
책값은 책표지 뒤에 있습니다.
잘못되거나 파본된 책은 구입하신 서점에서 교환해 드립니다.

이 책은 한국평생교육원이 저작권자의 계약에 따라 발행한 것이므로 저작권법에 따라 무단
전재와 복제를 금합니다. 이 책 내용의 전부 또는 일부를 이용하려면 반드시 저작권자와 한
국평생교육원의 서면동의를 얻어야 합니다.

어떻게 **부자**가 될 수 있을까

생각하라 그러면 부자가 되리라

생각하면 이루어지는 **12가지** 성공법칙

나폴레온 힐 지음 | **유광선·최강석** 편역

Think and Grow Rich

와일드북

▶─────────── 이 책은 한마디로 어떻게 부자가 될 것인가에 초점을 맞추고 있다. 물론 제목 그대로 '생각하면 부자가 된다'라는 간단명료한 답을 제시하고 있지만, 이 '생각'은 번뜩이는 아이디어와 창조력 상상력을 자신의 잠재의식에 도달하게 함으로써 꿈을 이루게 하는 자기암시이다. 즉 자신의 야망을 펼치기 위해서는 명확한 목표를 정하고(이는 부자가 되기 위해 얼마의 금액을 책정하는지까지도 포함된다) 구체적인 계획을 세워 이 책이 제시하는 12가지 법칙을 따를 때 성공과 부를 거머쥘 수 있다는 것이다.

1929년에 시작된 대공황은 미국 역사상 가장 길고 암울한 경제위기로, 이후 4년 동안 미국의 GDP는 무려 60%가 증발했고 실업률은 26%까지 치솟았다. 공장에서는 생산량의 3분의 1이 감소했고, 그나마 재고가 쌓여가고 물건이 안 팔리니 노동자들에게 임금을 지불하지 못하고 실직되는 노동자들이 증가하는 악순환이 거듭되었다. 다행히 1932년 대선에서 당선된 루스벨트 대통령의 1~2차에 걸친 뉴딜 정책은 경기회복에 긍정적인 영향을 미쳤다는 평가지만 그로부터 채 100년도 안 된 현재, 전 세계는 대공황보다 더한 신종 코로나바이러스감염증-19의 팬데믹으로 수많은 사람들이 하루하루를 마지못해 연명하고 있는 실정이다.

우리나라에서도 사회적 거리 두기로 인해 직간접으로 피해를 본 소상공인과 노점상, 프리랜서 등 다양한 계층에게 제1차~제2차에 이어 제4차까지 재난지원금을 지급하고 있지만, 이는 단기적인 경기부양책일 뿐 수많은 사람들이 하루빨리 팬데믹이 사라지기를 바라며 공허한 마음을 달래는 실정이다.

이러한 시기에 편역자는 불현듯 나폴레온 힐의 '성공법칙'이 뇌리를 스쳤고, 다시 장서를 뒤져 시간 가는 줄 모르고 'think and grow rich'를 탐독하게 되었다.

나폴레온 힐은 1929년에 시작된 대공황을 마치 예견이라도 한 듯 대공황 직전년도인 1928년에 그의 위대한 걸작인 '성공의 법칙'을 출간하여 실의와 좌절에 빠져 있던 수많은 미국인들을 다시 일어설 수 있도록 했다. 이후 다시 이 책, '생각하라 그러면 부자가 되리라'라는 책을 출간하여 전 세계 독자들로부터 20세기 최고의 성공 철학서로 평가받고 있다.

이 책은 100년을 거슬러 오르내리며 과거와 현재를 사는 사람들에게 구원투수 역할을 넘어 성공과 부의 충실한 안내자 역할을 하고도 남음이 있다.

실직과 재취업, 혹은 새롭게 직장을 구하거나 창업하려는 사람들은 이 책을 활용함으로써 어떻게 인생을 살아야 하고 현재의 고난과 시련을 어떻게 극복해야 할지, 그리고 자신의 무한한 가능성을 스스로 찾게 될 것이다.

그리고 좀 더 세상을 산 사람들은 현재의 위치나 직장, 혹은 사업체에서 어떻게 자신의 역량을 발휘해 오늘의 난관을 헤쳐나가고 밝은 내일을 보장받을 수 있을지 자신을 돌아보며 더불어 새로운 희망으로 두 주먹을 불끈 쥐게 될 것이다.

아울러 이제 노년기에 접어들었다면 이 책에서 제시하는 '만약 ……이라는 사람의 변명'과 냉철한 자기분석을 통해 제2의 인생을 어떻게 보람되게 살아야 하며 자식과 주변 사람들에게 폐가 되지 않기 위해 무엇을 해야 할지 명확히 알게 될 것이다.

마지막으로 각 장이 끝날 때마다 '코치의 질문'이 할애되어 있다. 스스로 자신의 코치가 되어 질문하고 답할 수 있으며 혹은 동료나 친구와 함께해도 좋다. 이는 국제코치연합과 그 밖에 전문가들의 도움을 받아 작성되었으며 이 책을 읽는 다양한 계층의 사람들에게 유용하게 쓰일 것이다.

독자 여러분은 먼저 이 책에서 설명하는 12가지 법칙을 완전히 이해한 후 실행해야 할 것이다. 행동이 수반되지 않는 이론이나 법칙은 아무 소용이 없다. 서두르지 않고 차근차근히 한 발 한 발 나아가다 보면 언젠가는 목적지에 도달할 것이다.

항상 밝은 미소와 긍정적인 사고방식으로 현재를 살아야 한다. 아울러 부정적 감정과 파괴적 감정으로 'NO'만을 외치는 사람들과 가까이해서는 안 된다. 더불어 오늘 이 순간을 존재하게 하는 그 모든 것에 감사하자. 행운의 여신은 언제나 우리 곁에 머물며 이를 받아들이고자 하는 사람에게 다가오는 법이다.

부와 성공에 이르는 길은 그리 멀지 않다. 이 책을 읽은 후 생각하고 행동하는 데 달려 있다.

유광선, 최강석

◆◇◆
부자로 가는
지름길

▶──────────── '생각'은 재산이다. 그리고 그 생각이 부자가 되어야겠다는 간절한 소망과 조화를 이룰 경우, 결국은 커다란 재산이 된다.

30여 년 전, 에드윈 반스라는 사람은 '생각하고 간절히 원하면 부자가 된다.'라는 것을 깨달은 사람이다. 물론 그의 이런 깨달음은 절대 쉽게 이루어진 것은 아니었다.

위대한 발명가인 토머스 에디슨과 사업을 같이 해야겠다는 간절한 소망에서 비롯되었고, 무엇보다 중요한 것은 그 꿈이 아주 분명했다는 점이다.

그는 진심으로 에디슨과 함께 일하기를 원했다. 그러나 반스는 자신의 야망을 달성하기 위해 즉시 실행할 수 있는 여건이 아니었다. 왜냐하면, 그에게는 두 가지의 어려움이 있었기 때문이다.

첫째, 그는 개인적으로 토머스 에디슨이란 사람을 알지 못했다.

둘째는, 에디슨이 사는 뉴저지주 오렌지카운티까지 가는 차비조차 없었다.

보통 그러한 어려움에 부닥치면 좌절하게 마련이다. 그러나 반스는 자신의 꿈을 포기할 수 없었고 마침내 열차에 올라타 오렌지카운티로 향했다. 그리고 에디슨의 사무실에 도착해 자신을 소개한 후, 함께 일하고 싶다고 간청했다.

몇 년 후 반스와의 첫 만남에 대해 에디슨은 이렇게 말했다.

"그는 평범한 사람으로 내 앞에 나타났지만, 표정에서는 자신이 갈 망하는 것을 반드시 얻고자 결심했다는 결연한 의지를 엿볼 수 있었다. 나는 다른 사람들과 일한 수년간의 경험을 통해, 이 사람은 진정으로 자신이 원하는 것을 간절히 바라고 있고, 반드시 해낼 것이라고 느낄 수 있었다. 나는 그가 성공하기 위해 결심하고 기꺼이 나를 찾아왔다는 것을 알았기에, 그에게 기회를 주기로 마음먹었다."

사실, 처음부터 반스가 에디슨과 파트너십을 맺은 것은 아니다. 그는 단지 에디슨의 사무실에서 최소한의 임금으로 일할 수 있는 기회를 얻었을 뿐이었다. 그러나 에디슨에게는 중요하지 않았지만 반스에게는 아주 중요한 일이었다. 이는 반스의 명확한 목표를 미래의 '파트너'에게 제안할 수 있는 절호의 기회였기 때문이다.

많은 날이 지나가도 반스의 목표에는 변함이 없었지만, 마음속에서는 엄청난 변화가 일어나고 있었다.

심리학자들은 '사람이 진정으로 어떤 일을 계획하고 준비가 되어 있으면 반드시 그 모습을 드러낸다.'라고 말한다.

반스 또한 에디슨과 비즈니스 관계를 맺을 준비가 되어 있었고, 그가 필요로 할 때까지 만반의 준비를 하기로 했다. 물론 그는 '마음이 흔들려 당장 돈을 벌기 위해 세일즈맨이라도 해야 하나?'라는 생각에 잠시 흔들리기도 했지만 '나는 에디슨과 동업을 하기 위해 이곳에 왔고, 평생이 걸리더라도 끝장을 보겠다.'라고 스스로 다짐하고는 했다.

보통 사람들이 분명한 목표를 세우고, 모든 것을 희생해서라도 자신을 내던진다면 어떤 일이 일어날까. 아마도 당시의 젊은 반스는 그것을 잘 몰랐을 수도 있다. 하지만 그의 굳은 결의와 야망은 모든 장애물을 무너뜨리고 자신이 찾고자 한 기회를 얻게 될 운명으로 이끌었다.

그런데도 마침내 기회가 왔지만, 그것은 반스가 예상하던 것과는 다른 방향과 형태로 나타났다. 이는 사람들이 인식하지 못하는 기회의 속임수 중 하나이다.

실제로 기회란 슬그머니 뒷문으로 미끄러지듯 들어오는 교묘한 특징이 있어서, 종종 불행 또는 일시적인 패배의 형태로 위장하고 나타난다. 이 때문에 많은 사람이 기회를 인식하지 못하는 이유일 수도 있다.

에디슨은 당시 '에디슨 녹음기'라고 알려진 새로운 기계를 막 완성한 참이었다. 그러나 그의 세일즈맨들은 이 새로운 기계에 열광하지 않았다. 일반 사람에게는 도무지 팔릴 것 같다는 생각이 들지 않았기 때문이다. 그만큼 그 기계가 발명가 외에는 아무도 관심을 두지 않을 만큼 이상하게 보였을 뿐이었다.

그러나 반스는 기회를 엿보고 있었고 자신은 그 기계를 팔 수 있다고 생각했다. 그리하여 에디슨에게 자신이 이 기계를 팔겠노라고 제안했고 즉시 기회가 주어졌다. 그리고 반스는 기대 이상으로 그 기계를 잘 팔았기에, 에디슨은 반스에게 일괄 독점권을 체결해 주었으니 바야흐로 비즈니스 관계가 형성된 것이다.

두 사람의 이런 협력에 대해 '에디슨이 만들고 반스가 판매에 불을 붙였다.'라는 슬로건이 생겨났다.

그들의 비즈니스 협력은 30년 이상 지속되었고, 반스는 큰돈을 벌어들이며, '생각하고 원한다면, 부자가 된다.'라는 것을 실제로 증명해 보였다.

반스의 원래 목표가 무엇이든 간에, 반스의 강렬한 열망이 얼마나 그에게 많은 돈을 벌게 해주었는지는 알 수 없지만, 우리는 여기에서 '생각하고 꿈꾸면 부자가 될 수 있다.'라는 소중한 교훈을 얻었다.

반스는 말 그대로 위대한 발명가인 에디슨과 비즈니스 파트너가 되리라는 꿈을 꾸었고 보기 좋게 그것을 이루어냈다.

그는 자신이 무엇을 원하는지 알고 있었고, 이를 실현할 때까지 인내하며 노력을 게을리하지 않았던 것이다.

성공은 포기하지 않는
사람만이 거머쥘 수 있다

▶─────────────── 실패의 가장 흔한 원인 중 하나는, 일시적인 실수로 인한 낙담과 포기하는 습관이다.

모든 사람은 한 번쯤 이런 실수를 범한다.

더비라는 사람은 '황금에 대한 열병'에 사로잡혀, 금을 채굴하여 부자가 되려는 희망을 품고 서부로 향했다. 그리고 그는 채광권을 승인받자마자 곧바로 작업에 착수했다. 무척 고된 일이었지만 그의 머릿속에는 오직 황금에 관한 생각뿐이었다.

마침내 몇 주 동안의 노력 끝에 금맥을 발견했고 금광석을 채굴할 수 있게 되었다. 그러나 캐낸 금광석을 운반해 오는 운반차가 필요했다. 그리하여 아무도 모르게 금맥을 덮어두고, 고향으로 돌아와 친척들과 몇몇 이웃들에게 금광석을 운반할 방법에 관해 설명했다. 그러자 그들은 돈을 모아 더비의 삼촌과 함께 서둘러 광산으로 되돌아왔다.

드디어 금광석을 채굴하고 이를 실은 첫 번째 운반차가 제련소製鍊所로 보내졌다. 이에 대한 수익은 그들을 콜로라도에서 가장 크고 부유한 광산 중 하나를 소유할 수 있도록 해줄 것이다. 이제 몇 번만 더 운반하면 모든 부채를 청산하고 그 후에는 막대한 이윤이 생길 터였다.

힘차게 굴착기가 땅속으로 파고 들어갔고, 더비와 삼촌의 희망도 크게 솟구쳐 올라갔다. 그런데 그때 일이 생겼다. 갑자기 금맥이 사라져버린 것이다.

그들은 낙담하여 굴착기로 구멍을 뚫고 다시 금맥을 찾으려고 필사적으로 노력했지만, 소용이 없었다. 할 수 없이 굴착을 멈추기로 했고, 눈물을 머금고 채굴 장비며 운반차를 중고판매업자에게 헐값에 팔아치우고는 고향으로 향했다.

그런데 중고판매업자는 광산 기술자를 불러 다시 한번 광산을 살펴보자고 했다. 그러자 기술자는 광산 소유자가 '단층선'의 특징을 잘 몰라 너무 일찍 포기한 것 같다고 조언했다. 그의 계산에 따르면 금맥은 더비가 굴착을 중단한 곳에서 불과 90cm 떨어진 곳에서 발견될 참이었다. 그리고 정확히 거기서 다시 금맥이 발견되었다.

그 중고판매업자는 광산에서는 채굴전문가의 의견을 구해야 한다는 사실을 이미 알고 있었다. 따라서 버려진 광산에서 수백만 달러의 금광석을 채굴할 수 있었다.

더비가 금을 캐내기 위해 장비 구매에 들어간 비용은 대부분 비싼 돈을 들여 조달한 것들이었다. 그 돈은 친척들과 이웃들에게서 빌린 것이었고 더비는 오랫동안 일을 한 뒤에야 그 돈을 모두 갚을 수 있었다.

그 후 더비는 '간절히 원하고, 포기하지 않고 지속적으로 노력하면 반드시 부자가 될 수 있다.'라는 사실을 깨달을 수 있었다. 그런 깨달음은 생명보험 사업에 뛰어든 후에 발견한 것이었다. 금맥으로부터 90cm 앞에서 포기함으로써 막대한 부를 잃은 더비는, 자신의 뼈아픈 경험을 잊지 않았다.

"나는 금맥으로부터 90cm 앞에서 포기했다. 그러므로 내가 보험 가입을 권유할 때 고객이 '아니오.'라고 대답해도 난 포기하지 않았다."

더비는 현재 생명보험 회사에서 일하고 있으며, 매년 100만 달러 정도의 생명보험 실적을 올리고 있다. 금광에서 일찍 포기했던 교훈을 명심하고 생명보험 회사에서는 오직 인내로써 고객을 확보할 수 있었다.

사람들은 성공하기까지 수많은 역경과 실패를 경험한다. 이럴 때 사람들이 가장 쉽게 결정하는 것은 자포자기다. 이것이 바로 대부분 사람이 내리는 결정이다.

지금까지 가장 성공한 사람으로 알려진 500명 이상이 자신들의 가장 큰 성공 요인이 무엇인지 이야기해 주었다.

그것은 바로 수많은 실패에 부딪히더라도 좌절을 극복한 것이라고 했다.

부디 독자들은 현재 자신이 처한 불행한 상황이나 결핍을 탓하지 말고, 할 수 있다라는 자기 신념을 통해 부자가 되기를 바란다.

간절한 소망은
부자가 되는
출발점이다

| 부자가 되기 위한 생각 |

◆ 당신이 원하는 돈의 명확한 액수를 마음속에 정하라.

◆ 원하는 돈에 대한 보상으로 무엇을 내줄 것인지 정하라.

◆ 구체적인 계획을 세우고 실행하라.

◆ 원하는 금액, 제한 시간, 보상과 계획을 간결한 선언문으로 작성하라.

◆ 낮 동안, 자기 전, 아침에 깼을 때 선언문을 읽어라.

부의 축적을 우연이나 운에 맡겨둬서는 안 된다

▶──────────── 30여 년 전 에드윈 반스가 뉴저지주 오렌지카운티 역에 도착한 열차에서 내려 토머스 에디슨의 사무실로 향하고 있었다.

그는 에디슨 앞에 서 있는 자신의 모습을 그려보았다. 반스의 야망은 단순한 희망이 아니었고, 꿈틀대고 끓어오르며 오랫동안 그를 지배해 온 간절한 소망이었다. 그 야망이 처음 마음속에 나타났을 때는 단순한 바람이었을지 모른다. 그렇지만 그가 에디슨 앞에 나타났을 때는 이미 확고한 의지로 변해 있었다.

몇 년 후 에드윈 반스는 에디슨을 처음 만났던 그 사무실에서 다시 그의 앞에 섰다. 그러나 예전과 달리 이번에는 자신의 야망이 현실로 되어 있었다. 그는 마침내 그의 삶을 지배하던 꿈이 현실이 되어 에디슨과 같이 사업을 하는 파트너가 된 것이다.

오늘날 사람들은 반스의 성공 요인을 들 때, 그가 겪었던 고난은 생각하지 않고, 그저 그 시대에 운이 좋았을 뿐이라고 생각하지만, 반스는 분명한 목표를 설정했고, 그 목표를 위해 모든 열정과 투지를 불살랐기 때문에 성공할 수 있었다.

이미 설명했지만, 반스가 에디슨의 사무실에 도착한 날 바로 그의 비즈니스 파트너가 된 것은 아니었고 그가 목표했던 기회가 주어지기까지는 무려 5년이란 세월이 더 흐른 다음이었다. 그 세월 동안 그에게는 어떤 희망조차 없었고, 그의 목표를 달성하기 위한 그 어떤 약속도 주어지지 않았다. 하지만 반스의 마음은 처음 에디슨을 찾아갔던 바로 그날부터 한시도 에디슨의 비즈니스 파트너임을 잊지 않았다.

그는 오렌지카운티로 갔을 때, 스스로 다짐했다.

'나는 에디슨에게 어떤 일거리를 달라고 요구하지 않을 것이다. 그대신 에디슨을 만나 내가 그와 같이 일하고 싶다고 말할 것이다. 그리고 몇 달 동안 일하다가 아무런 소득이 없다고 해도 그만두고 다른 일자리를 찾지는 않을 것이다. 나는 무슨 일이든 할 것이다. 에디슨이 시키는 일은 무엇이든 하겠지만, 나는 반드시 그의 비즈니스 파트너가될 것이다. 이 세상에서 내가 얻기로 한 것은 단 한 가지뿐이다. 그것은 토머스 에디슨과 비즈니스 파트너가 되는 것이다. 나는 내가 원하는 것을 얻기 위해 내 모든 것을 걸 것이다.'

그에게는 물러날 수 있는 그 어떤 방법이 없었다. 오로지 원하는 것을 얻거나 그렇지 못하면 모든 것을 잃어야 했다. 반스의 성공 스토리는 이것이 전부이다.

먼 옛날, 위대한 장수는 전장에서 이겨야만 했다. 강력한 적군에 맞서려 했지만, 수적으로 열세였다. 하지만 그는 병사들을 배에 태워 적진을 향해 간 다음, 병사와 무기를 내려놓고는 그들이 타고 온 배를 모두 불사르라고 명령했다.

"자, 저 배들이 연기를 내뿜으며 불타는 모습을 보아라. 이는 우리가 전투에서 승리하지 못하면 살아남을 수 없다는 것을 의미한다. 이제 우리에게 이기는 것밖에는 선택의 여지가 없다. 그렇지 않으면 모두 전사할 것이다!"

그리고 그들은 승리했다.

사업에서 성공하려는 사람은 기꺼이 자신의 배를 불태우고 모든 퇴로를 차단할 줄 알아야 한다. 그렇게 해야만 성공에 필요한 간절한 소망을 품은 마음의 상태를 유지할 수 있다.

이는 실제로 성공한 사람과 실패한 사람을 구분하는 차이이다.

단순히 원하는 것만으로는 부를 이룰 수 없다. 간절하게 부를 원하고, 부를 얻기 위한 확실한 방법과 수단을 계획해야 한다.

부에 대한 목표를 달성하는 방법은 다음 6가지의 명확하고 실용적인 원칙이 적용되어야 한다. 이 책에서는 돈을 벌기 위한 야망의 '자기 선언문'이라고 칭한다.

1. 원하는 명확한 액수의 돈을 마음속에 고정시켜라. 단순히 많은 돈을 원한다고 말하는 것만으론 충분하지 않다. 명확하게 금액을 확언하라.
2. 원하는 돈에 대한 보상으로 당신은 무엇을 할 것인지를 결정하라.
3. 언제까지 돈을 벌 것인지 기간을 정하라.
4. 당신의 야망을 이행하기 위한 구체적인 계획을 세우고, 준비되었든 안 되었든 즉시 계획을 실행에 옮겨라.
5. 벌고자 하는 금액에 대해 명확하고 간결한 내용을 작성하고, 그 돈을 벌기 위해 당신은 무엇을 할 것인지, 그리고 그 기일과 계획을 명확히 작성하라.
6. 자기 선언문을 하루에 두 번. 즉 밤에 잠자기 직전에 한 번, 아침에 일어나서 한 번 큰 소리로 읽어라. 읽으면서 이미 돈을 소유하고 있는 자신을 보고, 느끼고, 믿어라.

이 6가지의 원칙을 따르는 것이 중요하다. 특히 6번의 원칙을 준수하고 따르는 것이 중요하다. 실제로 돈을 가지기 전까지는 불평할 수도 있을 것이다. 그러나 간절한 소망이 당신을 도울 것이다. 당신이 간절히 돈을 원하고, 그것을 이룰 것이라고 확신한다면 어려움이 없을 것이다. 오직 목표는 부를 이루기로 하고 자신을 믿는 것이다.

오직 돈을 의식하는 사람만이
큰 부를 쌓을 수 있다

▶─────────────── '돈에 대한 의식'이란 마음이 돈에 대한 열망으로 완전히 사로잡혀, 이미 그것을 소유하고 있는 자신을 볼 수 있다는 것을 의미한다.

이러한 정보는 제철소에서 평범한 노동자로 시작했지만, 보잘것없는 시작에도 불구하고 이 6가지 원칙들이 엄청난 부를 쌓게 해준 앤드루 카네기로부터 시작되었음을 알려주고 싶다.

여기에서 권장하는 6가지 원칙은 부를 축적하는 데 필수적인 요소이며, 토머스 에디슨도 이 원칙을 적용했다는 사실을 알게 되면 더 도움이 될 것이다.

이 원칙들은 '육체적 노동'을 요구하지 않는다. 또 어떤 대가나 희생을 요구하지 않으며 우스꽝스럽거나 어리석은 사람이 될 것을 요구하지도 않는다. 그리고 이 원칙들을 적용하기 위해서 많은 교육이 필요한 것도 아니다.

그러나 이 6가지 원칙을 성공적으로 적용하기 위해서는, 부의 축적을 우연이나 운에 맡겨 둬서는 안 되며 충분한 상상력이 필요하다.

거대한 부를 쌓은 사람들은 돈을 벌기 전에 먼저 꿈을 꾸고, 소망하고, 계획을 세웠다는 것을 알아야 한다.

자신을 희생할 수 없다면, 결코 거대한 부를 쌓을 수 없다. 또한, 실제로 부를 쌓을 것이라고 믿지 않는 한, 당신은 절대 거대한 부를 이루어내지 못할 것이다.

만일 당신이 상상 속에서 큰 부를 볼 수 없다면, 당신의 은행 통장에서도 결코 큰 금액을 볼 수 없을 것이다.

우리는 모두 부를 추구하는 새로운 경주에 참여하고 있다. 우리가 사는 이 세상은 새로운 아이디어, 새로운 업무 방법, 새로운 리더, 새로운 발명품, 새로운 교육법, 새로운 마케팅 방법 등 모든 새로운 것을 요구하고 있다. 책이나 새로운 문학, 동영상에 대한 새로운 아이디어 등등, 새롭고 더 나은 것에 대한 요구 뒤에는, 우리가 반드시 갖추어야 할 것들이 있다. 그것은 바로 올바른 목표, 원하는 것에 대한 지식과 그것을 소유하려는 간절한 소망이다.

경기 불황은 한 세대의 부침과 다른 세대의 등장을 의미한다. 이 변화된 세상은 꿈을 실천할 수 있고, 과감하게 실천하는 용기를 가진 실용적인 이상가를 필요로 한다. 실용적인 이상가는 항상 문명을 재단하는 재단사이며 앞으로도 그럴 것이다.

우리는 부를 축적하고 싶어 한다. 그리고 이를 실행한 진정한 리더들은 보이지 않는 무형의 힘을 활용하고 실용화한 사람들이다. 그들은 세상을 더 편하고 즐겁게 하려고, 초고층 빌딩이나 도시 건설, 공장, 비행기, 자동차, 삶을 더 편리하고 즐겁게 만드는 것으로 전환한 사람들이다. 우리는 이것을 기억해야 한다.

열린 마음은 오늘날 이상가들이 갖춰야 할 필수품이며 새로운 아이디어를 두려워하는 사람은 시작하기 전에 이미 파멸하고 만다. 자기 몫의 부를 얻으려고 계획할 때, 당신의 꿈을 경멸하며 손가락질할 사람은 아무도 없다. 이 변화된 세상에서 큰 부를 얻으려면 과거 위대한 개척자들의 정신을 생명력으로 여겨야 한다.

기억하라. 콜럼버스는 미지의 세계를 꿈꾸고 그 세계의 존재를 찾아내기 위해 목숨을 걸었다. 그 결과 아메리카 신대륙을 발견할 수 있었다. 위대한 천문학자 코페르니쿠스는 당시 사람들이 신봉하는 천동설을 뒤집고 지동설을 주장했다. 그리고 마침내 그것들을 밝혀냈다.

당신이 하고 싶은 일이 옳고 그것을 믿는다면 계속해서 꿈을 펼쳐라. 만약 당신이 일시적으로 실패하더라도 주변 사람들이 뭐라고 말을 하든 신경을 쓰지 마라. 아마도 그들은 모든 실패는 그만큼 동등하게 성공의 씨앗을 가져다준다는 사실을 모르고 있을 것이다.

가난하고 교육도 받지 못한 헨리 포드는 말이 끌지 않는 마차를 꿈꾸며, 오로지 기회가 자신에게만 호의를 베풀기를 기다리지는 않았다. 그 대신 그는 자신의 꿈을 향해 정진했기에 마침내 목적을 달성했다.

토머스 에디슨은 약 1만 번의 실패에도 불구하고 꿈을 현실로 만들기 위해 포기하지 않았다.

실용적인 공상가는 절대 꿈을 포기하지 않는다!

링컨은 흑인 노예 해방을 꿈꾸었고 자신의 꿈을 실행에 옮겨 남북이 하나가 되는 현실로 바꾸기 위해 일생을 바쳤다.

라이트 형제는 공중을 날 수 있는 기계를 꿈꿨다. 이제 전 세계의 하늘에서 그들이 허황한 꿈을 꾸지 않았었다는 증거를 볼 수 있다.

마르코니는 무형의 힘을 활용하는 시스템을 꿈꾸었다. 전선이나 다른 물질의 도움 없이 전파를 이용해 통신할 수 있도록 한 것이다. 마르코니의 성공으로 지구상의 모든 나라 사람들은 언제든 소통할 수 있는 이웃이 되었다. 그것은 미국 대통령에게 단 한 번에 국민과 짧은 시간에 대화할 수 있는 매체를 제공했다. 그런데도 마르코니의 친구들은 그를 정신병원에 데려가 진찰을 받게 했다.

세상은 새로운 발견에 익숙해졌다. 아니, 새로운 아이디어를 제공하는 공상가들에게 세상이 보상하겠다는 의지를 보여주고 있다.

'세상에서 가장 위대한 업적은 처음에는, 그리고 한동안은 그저 꿈이었을 뿐이다.'

'참나무는 도토리에서 깨어나고 새는 알 속에서 기다린다. 그리고 영혼의 가장 높은 곳에서 깨어 있는 천사가 꿈을 휘젓는다. 꿈은 현실의 씨앗이다.'

세상은 공상가들이 절대 알지 못했던 풍부한 기회로 가득 차 있다. 그러나 간절한 소망만 품고 있을 뿐 아무런 계획도 없이 막연하게 공상에 그쳐서는 안 된다.

세상은 더 이상 꿈꾸는 공상가를 비웃지 않으며 비현실적이라고 조롱하지 않는다.

불황기에 당신은 실망하고 우울해하고 그러는 동안 실패를 겪으며 가슴이 무너져 내림을 느낄 것이다. 그러나 용기를 내야 한다. 그 쓰라린 경험들은 당신이 만든 영적 금속을 더욱 단단하게 단련시킬 것이다.

그리고 인생에서 성공한 모든 사람은 출발이 좋지 않고, 목적지에 도착하기 전에 많은 가슴 아픈 일들을 겪는다는 사실을 기억하라. 성공한 사람들에게 인생의 전환점은 보통 어떤 위기의 순간에 다가온다. 이 순간을 통해 그들은 자신의 다른 자아를 발견하게 된다.

존 버니언은 '천로 역정Pilgrim's Progress'이라는 책을 썼다.

그는 종교에 대한 자신의 견해 때문에 감옥에 갇히고, 혹독한 고문과 처벌을 받은 후 가장 훌륭한 작품을 썼다.

O. 헨리는 오하이오주 콜럼버스에 있는 감옥에 갇히는 큰 불행을 겪고 난 후, 뇌에서 잠자고 있는 천재성을 발견했다. 그는 불행을 통해 자신의 '또 다른 자아'를 깨닫고 상상력을 발휘하게 되었다. 그리고는 자신이 더 이상 비참한 범죄자와 추방자가 아닌 위대한 작가임을 발견할 수 있었다.

헬렌 켈러는 청각, 언어, 시각장애인이었다. 그러나 그녀는 최악의 불행에도 불구하고 역사의 페이지에 위대한 이름을 새겨 넣었다.

다음 장으로 넘어가기 전에 용기와 관용, 신념과 소망의 불을 마음 속에 새롭게 채우자. 만약 당신이 이러한 마음의 상태와 기술된 원리에 대한 지식을 갖고 있다면, 준비되었을 때 필요한 모든 것들이 여러분을 도울 것이다.

"모든 속담, 모든 책, 모든 좋은 말은 당신을 돕고 위로하기 위해 열려 있거나, 또는 구불구불한 통로를 통해서라도 반드시 되돌아올 것이다. 당신의 환상적인 의지 때문이 아니라, 당신 안에 잠재된 위대하고 부드러운 영혼이 갈망하는 모든 친구가 당신을 포용하기 때문이다."

무언가를 막연히 원하는 것과 그것을 받을 준비가 되어 있는 것은 매우 큰 차이가 있다. 당신이 얻을 수 있다고 믿기 전까지는 아무도 당신에게 줄 준비가 되어 있지 않다. 마음의 상태는 단순히 희망하거나 소망하는 것이 아닌 신념으로 충만해야 한다. 그리고 열린 마음은 신념을 위해 꼭 필요하다. 닫힌 마음은 신념과 용기, 확신을 불러일으키지 않는다.

삶에서 더 높은 곳을 목표로 하고 풍요와 번영을 이루기 위해, 비참함과 가난을 받아들이는 것보다 더 큰 노력이 필요한 것은 아니다.

자연의 섭리조차
야망을 지배할 수 없다

▶─────────────── 이 단락은 이번 장의 가장 중요한 부분으로, 내가 아는 가장 특이한 인물 중 한 명을 소개하려 한다.

나는 24년 전, 그가 태어난 지 몇 분 후에 그를 처음 보았다. 그는 귀가 없이 세상에 나왔고, 의사 소견으로 아이는 평생 청각과 언어장애인이 될 수 있다고 했다.

그러나 나는 의사의 의견을 받아들일 수 없었다. 나는 그 아이의 아버지였다. 나도 결정을 내렸고 의견을 내놓았지만, 그 의견은 단지 마음속으로만 표현했다.

나는 아들이 듣고 말하리라 결정한 것이다. 자연은 나에게 귀 없는 아이를 보냈지만, 자연이 나에게 고통의 현실까지 받아들이게 할 수는 없었다.

나는 마음속에서 내 아들이 듣고 말할 것이라는 걸 알고 있었다. 나는 방법을 찾을 수 있을 것이라 확신했고 에머슨의 말을 떠올렸다.

"모든 것은 우리에게 신념을 가르치는 과정이다. 우리는 거기에 따르면 된다. 우린 자신만의 지침을 가지고 경청함으로써 올바른 말을 듣게 될 것이다."

나는 내 아들이 청각 장애인이 되지 않기를 바랐고 언젠가는 들을 수 있으리라는 희망의 끈을 놓지 않았다.

수년 전에 나는 "우리의 유일한 한계는 우리 마음속에 정해 둔 것이다."라고 썼다.

처음으로 그 말이 사실인지 아닌지 궁금했다. 내 앞의 침대에 누워 있는 아이는 귀가 없이 갓 태어났을 뿐이다. 그는 비록 듣고 말할 수 있을지언정 분명히 평생 불편을 감수하며 살아야 할 것이다. 이것은 분명 아이가 자신의 마음에 정해 두지 않은 한계였다.

이에 대해 무엇을 할 수 있겠는가? 어떻게든 나는 귀의 도움 없이 아이의 뇌에 소리를 전달할 방법을 찾아야 했다. 아이가 기꺼이 협력할 수 있는 나이가 되자마자, 나는 아이의 마음에 타오르는 갈망을 가득 채울 것이고, 아이는 자신만의 방법으로 그것을 가능하도록 할 것이다.

이 모든 생각은 내 마음속에서 일어났지만, 아무에게도 말하지 않았다. 나는 매일 아이를 위해 청각 장애인이나 언어장애인을 받아들이지 않겠다고 나 자신에게 했던 서약을 다짐했다.

아이가 나이가 들어 주변의 것들을 알아차리기 시작하면서, 나는 아이가 약간의 청력을 가졌다는 것을 관찰할 수 있었다. 아이들이 보통 말을 시작하는 나이가 되었을 때, 우리 아이는 말을 하지는 않았지만, 행동으로 약간의 소리를 들을 수 있다는 것을 보여주었다. 그게 내가 알고 싶었던 것의 전부였다.

나는 아이가 조금이라도 들을 수 있다면 더 큰 청력으로 발전시킬 수 있다고 확신했다. 그러다 내게 희망을 주는 사건이 일어났고, 완전히 예상치 못한 곳에서 비롯되었다.

우리는 축음기를 샀다. 아이는 처음으로 음악을 들었을 때 황홀경에 빠졌고 즉시 그 기계를 독차지했다. 아이는 곧 특정 음반에 대한 선호도를 보였다. 한번은 케이스 가장자리에 시선을 고정한 채 축음기 앞에 서서 거의 두 시간 동안 곡을 반복해서 들으며 놀았다. 그 당시 우리는 소리의 '골전도' 원리에 대해 들어 본 적도 없었고, 아이의 자아 형성을 위한 습관의 중요성에 대해서도 그 후 몇 년이 지나도록 분명하게 알지 못했다.

아이가 내 목소리를 분명하게 들을 수 있다고 확신한 나는, 즉시 듣고 말하려는 아이의 마음을 읽게 되었다. 그리하여 나는 곧 아이가 잠자리에 들 때 이야기를 즐긴다는 것을 알게 되었다. 그리고 나는 아이의 듣고자 하는 소망을 위해 특별히 고안된 이야기를 만들기 시작했다.

그 이야기는 아이가 들을 때마다 새롭고 극적인 음색을 더해서 강조한 것이다. 그것은 고통이 아이의 책임이 아니라 큰 가치를 가진 자산이라는 생각을 마음속에 심기 위해 고안된 것이다.

하지만 그 고난이 어떻게 자산이 될 수 있는지는 전혀 알 수 없다는 고백을 하고자 한다. 그런데도 나는 아이가 자신의 장애가 유용한 목적을 위해 쓰일 수 있는 어떤 계기가 마련되기를 바라면서, 아이가 자기 전에 이야기로 포장하는 일을 계속했다.

이성은 나에게 청각 수단이 없는 것에 대한 적절한 보상이 없다는 것을 분명히 말하고 있었다. 하지만 야망이 신념을 뒷받침함으로써, 이성은 제쳐두고, 나에게 많은 영감을 주었다. 돌이켜 경험을 분석해 보면 아들의 신념이 놀라운 결과를 끌어냈다는 사실을 알 수 있었다.

아이는 내가 말하는 것에 그 어떤 의문도 갖지 않았다. 그리하여 나는 아이가 큰아이에 비해 뚜렷한 장점을 갖고 있거니와 여러 면에서 좋은 결과를 만들어낼 것이라고 확신했다. 학교 선생님들도 아이의 귀가 없다는 것을 인지하고, 더 특별히 관심을 보여주며 친절하게 대해주었다.

물론 아이 엄마도 교사들을 찾아가서 아이에게 필요한 추가적인 관심을 기울일 수 있도록 주선함으로써 아이를 도왔다. 나 또한 아이가 신문을 팔 수 있을 만큼 나이가 들었을 때(큰아이는 이미 신문을 파는 장사꾼이 되어 있었다.), 제 형처럼 신문을 팔게 했다.

우리는 아이의 청력이 점차 좋아지고 있음을 알 수 있었다. 더욱이 아이는 자신이 어려운 상황이라고 해서 고집을 피우거나 삐뚤어지는 경향이 조금도 없었다. 일곱 살쯤 되었을 때, 아이는 마음을 다스리는 우리의 방법이 열매를 맺고 있다는 첫 번째 증거를 보여주었다.

　몇 달 동안 신문을 팔겠다고 간청했지만, 집사람은 동의하지 않았다. 아이가 귀가 들리지 않아서 혼자 길거리에 나가는 것을 안전하지 않다고 생각한 것이다.

　그러나 마침내 아이 자신의 손으로 문제를 해결했다.

　어느 날 오후 아이가 혼자 집에 남겨졌을 때, 아이는 부엌 창문을 넘어 스스로 밖으로 나갔다. 그리고는 동네 제화공으로부터 6센트를 빌려 산 신문을 모두 판매하고 다시 산 신문을 저녁 늦게까지 팔았다. 그리고 아이는 빌린 6센트를 갚고도 42센트의 순익을 챙길 수 있었다. 그날 밤 우리는 집에 돌아왔을 때, 돈을 손에 꽉 쥐고 침대 위에 잠들어 있는 아이를 발견할 수 있었다.

　아이 엄마는 손을 펴서 동전을 꺼내놓고 울음을 터트릴 뻔했다. 그러나 무엇보다 아들의 첫 승리를 울음으로 축하하는 것이 너무나 부적절해 보였기에 내 반응은 반대였다.

　나는 진심으로 웃어주었다. 아이의 마음속에 신념을 심어주려던 나의 노력이 성공적이라는 것을 알았기 때문이다. 그런데도 아이 엄마는 돈을 벌기 위해 거리로 나가 목숨을 걸었던 청각 장애인 소년을 보았다.

나는 용감하고 야심이 넘치며 자립할 수 있는 작은 사업가를 보았다. 아이는 주도적으로 사업을 시작하고 승리했기 때문에 자신감도 높아져 있었다. 그 일은 나를 기쁘게 했다. 왜냐하면, 아이가 평생 함께해야 할 지혜를 확인할 수 있었기 때문이다.

진정으로, 내 아들은 핸디캡을 장애물로 받아들이지 않는 한, 가치 있는 목표를 향해 올라가는 디딤돌로 전환할 수 있음을 나에게 가르쳐 주었다. 그리고 청각 장애인 소년은 가까운 곳에서 큰 소리로 외칠 때를 제외하고는 선생님의 소리를 들을 수 없는 상태였음에도 고교와 대학을 마쳤다.

간절한 소망만이
부와 성공을 가져다준다

▶───────────── 우리는 아들이 평범한 삶을 살고 평범한 친구들과 어울려야 한다는 결심을 했고, 학교 친구들과 만나 열띤 토론을 벌이기는 했지만 지켜보기로 했다. 아들은 고등학교에 다니는 동안 보청기를 사용해 보기도 했지만 별 도움이 되지 않았다. 왜냐하면, 아들이 6살 때, 시카고의 고든 월슨 박사의 집도하에 아이의 머리 한쪽을 수술했을 때, 이미 청각 기관이 없음을 발견했기 때문이다.

아들의 대학 생활 마지막 주에(수술 후 18년), 그의 인생에서 가장 중요한 전환점을 맞은 일이 일어났다. 그저 단순한 우연처럼 보였던 일을 통해, 그는 또 다른 전기 청각 장치를 손에 넣게 되었는데, 그 장치를 시험해 보게 되었다. 그는 이미 유사한 장치에 실망했기 때문에 시험하는 것을 꺼렸다. 하지만 겨우 설득하여 장치를 집어 들고 무심하게 머리에 올려놓고 배터리를 연결하니, 맙소사.

마치 마법같이 정상적인 청력에 대한 평생의 야망이 현실이 되어 아들의 생애에 처음으로 정상적인 청력을 가진 사람과 똑같이 실제적인 소리를 듣게 된 것이다.

'신은 항상 신비로운 방식으로 움직이고 경이로움을 행한다.'

새로운 보청기를 통해 자신에게 온 변화된 세상에 기뻐하던 아들은 즉시 전화를 걸어 엄마의 목소리를 완벽하게 들었다. 그리고 다음 날 아들은 생애 처음으로 수업 시간에 교수님들의 목소리를 분명하게 들을 수 있었다. 이전에는 가까운 거리에서 외칠 때만 들을 수 있었던 목소리들을.

그는 라디오도 들을 수 있었고 생애 처음으로 다른 사람이 큰 소리로 말할 필요 없이 자유롭게 대화를 나눌 수 있었다. 아들은 진정으로 변화된 세상을 맞이하게 되었다.

우리는 다만 자연의 오류를 받아들이기를 거부했고, 끈질긴 야망과 실용적인 수단을 통해 자연이 오류를 바로잡도록 안내했을 뿐이다.

야망은 배당금을 지급하기 시작했지만 아직은 승리가 확정된 것은 아니었다. 아들은 여전히 자신의 핸디캡을 극복할 수 있는 명확하고 실용적인 방법을 찾아야 했다. 이미 성취한 것에 머물지 않았고 안도의 기쁨에 도취되지 않았다.

새로 발견된 소리의 세계, 그는 보청기 제조업체에 자신의 경험을 열정적으로 설명하는 편지를 썼다.

그의 편지에는 그 무엇인가가 들어 있었다. 줄에 쓰인 것이 아니라 행간에 감춰진 의미 말이다.

보청기 회사는 그를 뉴욕으로 초대했다. 그가 도착하자 지배인의 안내로 수석 엔지니어와 이야기를 나누었다. 아들은 자신의 변화된 세상과 직감, 아이디어 또는 영감에 대해 열정적으로 이야기했다.

그 생각의 실체는 다음과 같다.

자신의 변화된 세상에 관한 이야기를 전할 방법을 찾을 수 있다면, 청각 장치 없이 살아가는 수많은 청각 장애인들에게 도움이 될 것이라는 생각이 생겨난 것이다. 그리고 그곳에서 집중적인 연구를 거듭했다. 그러는 동안 보청기 제조업체의 마케팅 시스템을 분석하고 공유할 목적으로, 전 세계의 청각 장애인들과 소통하는 방법과 수단을 만들었다.

새로 발견한 '변화된 세상' 프로젝트가 완료되었을 때, 그는 자신의 연구 결과를 바탕으로 2년 계획을 세웠다. 그리고 회사에 그 계획서를 제시했을 때 그는 즉시 그 프로젝트를 수행할 적임자로 내정되었다.

그가 보청기 제조업체와 인연을 맺은 지 얼마 되지 않아, 그는 회사에서 진행하는 청각 장애인들에게 듣고 말할 수 있도록 하는 수업에 나를 초대했다. 나는 그런 형태의 교육에 대해 들어본 적이 없었기에 회의적이었다. 다만 내 시간이 완전히 낭비되지 않기를 희망하면서 수업에 참관하기로 했다. 그곳에서 나는 정상적인 청력에 대한 야망을 아들의 마음에 심어주고 유지하기 위해, 내가 했던 일을 확대해 그 비전을 보여주는 시연을 목격할 수 있었다.

나는 거기서, 내가 청각 장애로부터 아들을 구하기 위해 20여 년 전에 사용했던 동일한 원리를 적용하여, 실제로 듣고 말하는 법을 배우고 있는 청각 장애인들의 모습을 발견할 수 있었다.

이렇게 하여, 나와 내 아들 블레어는 아직 태어나지 않은 사람들에게 청각 장애를 교정하는 데 도움을 줄 운명에 처해 있었다. 왜냐하면, 내가 아는 한, 우리는 청각 장애를 앓는 사람들을 정상생활로 회복시키는 정도까지 교정할 수 있다는 것을 증명해 보였기 때문이다. 이는 청각 장애라는 고통을 겪는 한 사람, 곧 아들을 위해 행해졌고 이제 다른 사람을 위해 행해질 터였다.

아이 엄마와 내가 한 것처럼 아이의 마음을 형성하지 못했더라면, 아이는 평생 청각 장애인이나 언어장애인이었을 것이라는 점은 의심의 여지가 없다. 아이가 태어났을 당시 의사는 아이가 절대 듣거나 말하지 못할 것이라고 귓속말로 전해 주었었다.

몇 주 전, 청각 장애에 대한 저명한 전문가인 어빙 박사는 블레어를 아주 자세하게 조사했다. 박사는 내 아들이 이제 얼마나 잘 듣고 말하는지 알게 되고는 깜짝 놀랐다. 조사 결과 "이론적으로 아들은 전혀 들을 수 없어야 한다."라고 말했다. 그러나 아들은 X-레이 사진에, 뇌에서 두개골까지 구멍이 없다는 사실에도 불구하고 들을 수 있다.

들고 말하는 평범한 사람으로 살고자 하는 야망을 내 마음에 심어 놓았을 때, 어떤 알 수 없는 영향력으로 자연은 다리를 놓아 주었다. 그 결과 의학자들도 해석하지 못하는 뇌와 외부세계 침묵의 틈새를 넘나들게 해주었다. 자연이 이 기적을 어떻게 행했는지에 대한 추측 조차도 나에게는 신성 모독으로 여겨진다. 다만 내가 이 낯선 경험을 통해 알게 된 사실을 세상에 알리는 임무를 게을리한다면, 그것만은 용서받지 못할 것이다. 신념을 유지하고 야망을 뒷받침하는 사람에 게는 불가능이란 없다. 내가 믿는 이것을 널리 말하는 것은 나의 의무 라고 생각한다.

아들인 블레어는 정상적인 청력을 원했다. 그리고 이제 그 희망을 달성했다. 아들은 비록 핸디캡을 갖고 태어났지만, 그 핸디캡은 이제 수많은 청각 장애인들에게 유용한 도움을 주는 매개체 역할을 할 것이며, 또 남은 생애 동안 적절한 금전적 보상과 함께 일자리가 제공될 것이다.

신념이 뒷받침하는
야망의 거대한 힘을
믿어야 한다

▶─────────────── 나는 평범한 사람이 듣고 말하는 것처럼 그 야망을 아들의 마음에 심어놓았다. 그리고 그 야망은 현실이 되었다. 아마도 언젠가는 과학이 이 비밀을 밝혀낼 것이다. 나는 아들의 가장 큰 핸디캡을 가장 큰 자산으로 바꾸려는 간절한 소망을 마음속에 심어주었다. 그리고 그 야망이 실현되었다. 이 놀라운 결과를 달성한 방식은 설명하기 어렵지 않다. 그것은 세 가지의 매우 확실한 사실로 구성되어 있기 때문이다.

첫째, 나는 정상적인 청력에 대한 내 소망과 신념을 아들에게 전달했다.

둘째, 나는 수년에 걸쳐 지속적이고 중단 없는 노력을 통해 가능한 모든 방법으로 나의 소망을 전달했다.

셋째, 아들은 나를 믿었다!

이번 장이 완성될 즈음, 엠므의 사망 소식이 전해졌다. 짧은 뉴스 속보로 전해진 한 문장이 이 특별한 여성 가수의 엄청난 성공에 대한 단서를 제공하고 있다. 그 문장에 포함된 단서는 다름 아닌 소망이기 때문에 그 문장을 인용하려고 한다.

그녀는 데뷔 초기에 자신의 목소리를 테스트하기 위해 비엔나 궁정 오페라 감독을 찾아갔다. 그러나 감독은 그녀를 테스트하지 않았다. 단정하게 옷을 입은 소녀를 한번 보더니 그는 이렇게 말했다.

"그런 개성 없는 얼굴로 어떻게 오페라 가수로 성공을 기대할 수 있겠나? 차라리 재봉틀을 사서 일하러 가지 않겠나? 가수가 되긴 힘들 것 같아."

하지만 그녀가 대성공을 거두기까지는 그리 오랜 시간이 걸리지 않았다.

비엔나 궁정 오페라의 감독은 노래 기법에 대해서는 많이 알고 있었지만 간절한 소망의 힘에 대해 거의 알지 못했다. 그 힘에 대해 조금만 더 알고 있었더라면, 천재 가수를 비난하며 기회를 박탈하는 실수를 범하지 않았을 것이다.

몇 년 전에 내 동료 한 명이 병이 났다. 시간이 지남에 따라 악화하였고 마침내 수술을 위해 병원으로 이송되었다. 그가 수술실로 들어가기 직전, 나는 그를 쳐다보았다. 저렇게 마르고 쇠약해진 사람이 어떻게 대수술을 성공적으로 받을 수 있을지 무척 걱정되었다.

의사는 나에게 그가 살아 있는 모습을 다시 볼 기회는 없을 것 같다고 경고했다. 그러나 그것은 의사의 소견이었지 환자의 의견이 아니었다. 그가 수술실로 들어가기 직전에 미약한 목소리로 속삭였다.

"선생님, 걱정하지 마십시오. 저는 며칠 내에 여기서 나갈 겁니다."

의사는 측은한 눈초리로 나를 바라보았다. 그러나 환자는 무사히 수술을 마쳤다. 모든 수술이 끝난 후, 의사는 이렇게 말했다.

"살고자 하는 희망 외에는 아무것도 그를 구할 길이 없었습니다. 그가 죽음의 가능성을 받아들이기를 거부하지 않았더라면 수술은 절대 성공하지 못했을 것입니다."

나는 신념이 뒷받침하는 야망의 거대한 힘을 믿는다. 왜냐하면, 이 힘은 아주 아무것도 없는 사람마저 낮은 곳에서 권력과 부의 위치로 끌어올리는 것을 보았기 때문이다. 또 사람들이 실패한 뒤 수많은 방법으로 재기의 매개체 역할을 하는 것을 보았다. 나는 자연이 귀가 없이 세상에 아들을 내보냈음에도 불구하고, 신념과 간절한 소망은 결국 정상적이며 행복하고 성공적인 삶을 내 아들에게 제공하는 것을 보았다.

어떻게 하면 야망의 힘을 활용하고 이용할 수 있을까? 이에 대한 답은 이 책에서 계속 설명할 것이다. 불황으로 인해 우울증에 시달리는 많은 사람, 전 재산을 잃은 사람들, 지위를 잃은 사람들, 계획을 재구성하고 재기하려는 사람들에게 이 메시지가 중요하다는 사실은 의심의 여지가 없다. 모든 이들에게 나는 그 본질이나 목적이 무엇이든 간에, 모든 성공은 명확한 것에 대하여 강렬하고 간절한 소망을 갖는 것에서 비롯된다는 생각을 전하고 싶다.

자연의 섭리는 불가능이란 단어를 전혀 인식하지 못하고, 실패라는 현실을 절대로 받아들이지 않는 '무언가' 강렬한 야망의 충동으로 포장되어 있다.

잠시 눈을 감고 심호흡을 한 후, 마음을 가다듬고 다음의 각 질문에 자신의 답변을 적어보시기 바랍니다.

◆ 당신이 진정으로 이루고 싶은 것은 무엇인가?

◆ 이미 그것을 이루었다면 무엇을 보고 알 수 있을까? 그 증거는 무엇일까?

◆ 그것을 언제까지 이룰 것인가?

◆ 그때까지 그것을 이루는 것이 자신에게 중요한 이유는 무엇인가?

◆ 그것을 이루기 위해 어떤 대가를 치를 것인가?

◆ 그것을 이루기 위한 구체적인 계획은 무엇인가?

◆ 앞으로 한 달 동안의 실행목표를 어떻게 세워야 그것을 이루는 데 도움이 될까?

◆ 그것을 위한 주간 목표는 무엇인가?

◆ 그것을 위해 오늘 자기 전에 무엇을 실행할 것인가?

제2법칙

야망을
달성하려는
신념이
확고해야 한다

| 부자가 되기 위한 생각 |

◆ 신념은 모든 부를 축적하는 출발점이다!

◆ 신념은 모든 기적의 근본이고, 과학적 원리로는 해석할 수 없는 모든 신비로움이다!

◆ 신념은 실패의 유일한 해독제다!

◆ 신념은 기도와 섞일 때 무한한 지성과 직접 소통하는 유일한 매체이다.

◆ 신념은 인간의 한정된 정신이 만들어내는 생각의 진동을 정신적 자산으로 변형시키는 요인이다.

◆ 신념은 무한한 우주적 힘을 이용하고 활용할 수 있는 유일한 매체이다.

신념과 사랑의 감정은
행동력을 일으킨다

▶─────────── 신념과 사랑, 섹스의 감정은 모든 긍정적인 감정 중에서도 가장 강렬하다.

사랑과 신념은 초능력이고, 인간의 정신적 측면과 관련이 있다. 섹스는 순전히 생물학적인 것으로 육체적인 것과 관련이 있다. 이 세 가지 감정을 섞는 것은 인간의 유한한 사고와 무한지성 사이에서 직접적인 의사소통을 위한 문을 여는 효과를 보고 있다.

신념이란 자기암시를 통해 잠재의식에 대한 긍정, 또는 반복적인 지시를 통해 창조하거나 유도해낼 수 있는 마음의 상태를 말한다.

예를 들어 이 책을 읽는 목적을 생각해 보자.

목적은 당연히 야망이라는 생각의 충동을 돈으로 전환시키는 능력을 얻는 것이다. 당신은 당신이 원하는 것을 잠재의식에 각인시킬 수 있다. 그러면 이 잠재의식은 당신이 원하는 것을 얻을 수 있도록 구체적으로 계획한 다음, 신념의 형태로 당신에게 전달되고, 당신이 신념에 따라 행동하도록 만든다.

그래서 존재하지 않는 신념을 발전시키는 방법을 설명하기란 매우 어렵다. 이는 색을 본 적이 없는 시각장애인에게 붉은색을 설명하기만큼이나 어렵다. 비교할 만한 무언가가 없기 때문이다. 신념은 이들 지침의 적용과 사용을 통해 자발적으로 발전하는 마음의 상태이기에, 이 책의 열두 가지의 법칙을 이해한 후 개발할 수 있는 마음의 상태를 말한다.

어떤 사람이 때때로 범죄자가 되는 방식에 대해, 다음 설명을 통해 그 의미를 더 명확히 할 수 있을 것이다. 유명한 범죄학자의 말에 따르면, "사람은 처음 범죄와 접촉할 때 그것을 혐오한다. 그러나 한동안 범죄와 접촉하게 되면 어느새 익숙해지고 견디게 된다. 아주 오래되면, 그들은 마침내 범죄를 받아들이고, 범죄의 나쁜 영향을 받는다."라고 한다.

감정, 또는 생각의 느낌은 생각에 생명력과 활력과 행동력을 부여한다. 신념, 사랑, 섹스의 감정이 어떤 생각의 충동과 섞이면, 이 감정 중 어떤 것이든 단독일 때보다 훨씬 더 큰 행동력을 끌어낸다. 이렇듯 잠재의식은 긍정적이고 건설적인 생각에 쉽게 영향을 미치지만, 마찬가지로 부정적이거나 파괴적인 생각 역시 똑같이 물리적 등가물로 변환된다는 것을 알 수 있을 것이다. 이것이 바로 수많은 사람이 불행 또는 불운이라는 현상을 경험하는 이유이다.

수많은 사람이 자신은 가난과 실패한 사람으로 '운명 지어졌다.'라고 믿는다. 하지만 이들은 자신의 부정적인 신념 때문에, 잠재의식에 의해 선택되어 자신을 불행의 창조자로 만든 것이다.

이 책은 여러분의 소망을 물리적 혹은 금전적으로 전환되기를 바라며 집필된 것이다.

신념은 이러한 전환이 실제로 일어날 수 있게 한다. 자기암시 또는 신념은 잠재의식의 행동을 결정하는 요소이다. 필자는 아들의 잠재의식을 속였지만, 자기암시로 지시할 때 잠재의식을 방해하는 것은 아무것도 없었다.

신념은 또한 자기암시 때문에 유도될 수 있는 마음의 상태이기도 하다. 종교학자들은 오랜 세월 동안 고통받고 있는 인류에게 신념을 가지라고 충고하지만, 신념을 갖는 방법을 알려주지는 못했다. 그들은 신념은 마음의 상태이며, 자기암시 때문에 유도될 수도 있다고 말하지도 않았다.

나는 여기서 어떤 평범한 사람이라도 이해할 수 있는 언어로, 존재하지 않는 신념 역시 개발할 수 있다는 원리를 모두 설명하려고 한다. 그전에 자신을 믿어야 한다. 오직 믿어야만 한다.

다시 한번 상기하게 하자. 신념은 생각의 충동에 생명력과 힘, 행동을 부여하는 '영구적인 묘약'이다!

- 신념은 모든 부를 축적하는 출발점이다!
- 신념은 모든 기적의 근본이고, 과학적 원리로는 해석할 수 없는 모든 신비로움이다!
- 신념은 실패의 유일한 해독제다!
- 신념은 기도와 섞일 때 무한한 지성과 직접 소통하는 유일한 매체이다.
- 신념은 인간의 한정된 정신이 만들어내는 생각의 진동을 정신적 자산으로 변형시키는 요인이다.
- 신념은 무한하고 우주적 힘을 이용하고 활용할 수 있는 유일한 매체이다.

자신감을 주는
5공식

▶————————————— 첫째, 나는 내 인생의 명확한 목표를 달성할 수 있는 능력이 있다는 걸 알고 있다. 따라서 그 목표를 달성하기 위해서는 지속적인 행동이 필요하다. 나는 지금 당장 행동할 것을 약속한다.

둘째, 나는 내 마음의 지배적인 생각이 결국은 행동하게 만들며, 점차 물리적인 현실로 변모시킬 것임을 깨닫고, 매일 30분씩 내가 되고자 하는 사람에 대하여 집중할 것이다.

셋째, 나는 자기암시 원리를 이용하여 내가 집요하게 마음속에 품고 있는 모든 야망은, 결국 실용적인 방법으로 실현할 수 있음을 알고 있기에, 매일 10분씩 자기 확신을 발전시키는 데 전념할 것이다.

넷째, 나는 내 인생에 확실한 목표를 명확히 작성해 놓았으며 노력을 멈추지 않을 것이다.

다섯째, 나는 어떤 부나 지위도 영원할 수 없다는 것을 잘 알고 있다. 따라서 진실과 정의에 기초하지 않고, 그것이 모든 사람에게 이익이 되지 않는 한, 어떤 거래도 하지 않을 것이다. 또 내가 사용하고 싶은 힘과 다른 사람과의 협력을 통해 성공할 것이다. 아울러 다른 사람에 대한 부정적인 태도는 결코 나에게 성공을 가져다줄 수 없는 사실을 잘 알고 있기에, 증오와 질투, 이기심과 냉소적인 마음을 없애고 사랑할 것이다. 그리하여 다른 사람이 나를 믿게 할 것이다. 왜냐하면, 나 역시 나 자신과 그들을 믿을 것이기 때문이다.

기적이란
오직 신념이라는 마음의 상태에서
만들어지는 것이다

▶────────────── 잠재의식은 용기 또는 신념에 의해
움직이는 생각을 현실로 변환하는 것처럼, 두려움에 의해 움직이는
생각 또한 쉽게 현실로 변환시킬 수 있다.

한 척의 배를 동서로 옮기는 바람처럼, 자기암시의 법칙도 생각의
돛을 세우는 방식에 따라 당신을 들어 올리거나 끌어내린다. 상상력
에 자극을 주면 높은 성취를 이룰 수 있다.

당신의 감춰진 모습 어딘가에 (아마도 뇌 안에) 잠을 자는 것이 있는
데, 당신이 만약 깨어나서 행동을 취한다면, 당신이 달성하려고 생각
조차 못 했던 높은 곳으로 당신을 데려갈 것이다.

음악가가 바이올린 현을 가지고 아름다운 음악으로 변환시키듯,
당신이 뇌 안에 잠들어 있는 천재를 일깨우면, 이루고자 하는 그 어떤
목표든 달성할 수 있도록 당신을 높은 곳으로 끌어올릴 것이다.

나는 연구를 하면서 뛰어난 업적을 남긴 수많은 사람의 생애를 분석했다. 그 결과 거의 모든 사람이 이성의 사랑에서 영향을 받았다는 사실을 발견할 수 있었다. 인간의 마음과 뇌에 있는 사랑이란 감정은 사람을 끌어들이는 인력을 생성함으로써, 공기 중에 떠다니는 부를 위한 미세한 진동을 유발하고 불러들인다.

　신념의 힘에 대한 증거를 원한다면 이를 활용한 사람들의 성과를 찾아보자. 그러면 명단 맨 앞에는 나사렛이 나올 것이다. 기독교는 인간의 마음에 영향을 끼치는 가장 큰 힘이며 그 기본은 신념이다. 아무리 많은 사람이 이 위대한 힘의 의미를 왜곡하거나 잘못 해석하더라도, 또 아무리 많은 미신과 교리가 기독교라는 이름을 팔아 창조되었다 해도 그것은 기독교의 교리를 반영하지 못한다.

　'기적'으로 해석될 수도 있는 그리스도의 가르침은 신념 그 자체에 지나지 않는다. 만약 기적과 같은 현상이 있다면, 그것은 오직 신념이라는 마음의 상태를 통해서만 만들어질 것이다. 그런데도 일부 종교 지도자들과 자신을 기독교인이라고 부르는 많은 사람은 참된 신념이 무엇인지 이해하지 못하고 실천도 하지 않는다.

　인도의 마하트마 간디가 보여준 신념의 힘에 대해 생각해 보자. 세상은 그에게서 문명 세계에 알려진 신념의 가능성 중 가장 놀라운 사실을 발견한다. 간디는 돈이나 무기, 군대와 같은 전통적인 힘을 전혀 갖고 있지 않았음에도 불구하고, 지금 시대에 살고 있는 어떤 사람보다도 더 큰 잠재력을 발휘했다.

　간디는 가난하여 돈이나 집도 없고, 심지어 변변한 옷 한 벌 갖고 있지 않았지만 무한한 힘을 발휘했다. 어떻게 그 힘을 얻을 수 있었을까?

그는 신념의 원리에 대한 이해, 그리고 그 신념을 2억 명의 사람들의 마음속에 이식할 수 있는 능력을 통해 그 힘을 창조할 수 있었다. 그는 신념이란 영향력을 통해 지구상에서 가장 강력한 군대와 무기로도 이루어낼 수 없었던 것을 성취할 수 있었다. 2억 명의 마음을 하나로 합치고 함께 움직이도록 영향력을 끼치는 놀라운 업적을 이루었다. 신념을 제외하고 그 어떤 힘이 그러한 위대한 업적을 이룰 수 있게 하겠는가?

신념은 한계를
뛰어넘는다

▶─────────── 1900년 12월 12일 저녁, 서부에서
온 한 청년에게 경의를 표하기 위해, 전국 재계의 거물 80여 명이 뉴욕
5번가의 연회장에 모였다. 그들 중 어느 사람도 이날 미국 산업계 역사
상 가장 중요한 이야기를 듣게 될 것을 예상하지 못했다.

　에드워드 시몬스와 찰스 스튜어트 스미스는, 최근에 피츠버그를
방문했는데, 그때 찰스 슈와브가 베푼 아낌없는 환대에 대한 감사 표
시로 성대하게 만찬을 준비했다. 그들은 피츠버그를 방문한 자리에
서 38세의 철강맨인 찰스 슈와브를 동부의 은행가들에게 소개하기
위해 만남을 가졌었다. 하지만 그들은 이 철강맨이 뜨거운 열정을 보
일 거라고는 예상하지 못했다.

　그들은 뉴욕의 배부른 은행가들에게는 그가 아무리 열변을 토해도

크게 반응하지 않을 것이므로, 은행가들을 지루하게 하고 싶지 않다면 15분에서 20분 정도 자신을 소개하는 선에서 예의를 차리는 편이 나을 거라고 그에게 충고했었다.

심지어 황제처럼 위엄을 보이며 슈와브 바로 오른쪽에 앉아 있던 JP 모건조차도, 연회에 잠시만 참석하여 자리를 빛내주고 떠날 작정이었다. 그리고 그 모임은 아주 짧게 끝날 예정이라 다음 날 언론에서 보도될 것이라는 언급도 없었다. 그리하여 두 명의 초대자와 그 자리에 참석한 거물들은 대화가 거의 없었다. 게다가 모농가엘라 강둑을 따라 화초를 재배하던 찰스 슈와브를 만나보거나 알아보는 사람도 없었다. 그러나 저녁식사가 끝나기 전에 그들, 즉 당대의 돈부자인 JP 모건을 열광하게 했고, 10억 달러짜리 'US 철강'을 잉태하도록 하였다.

찰스 슈와브의 만찬 연설에 대한 기록이 전혀 없는 것은 어쩌면 매우 불행한 일일지도 모른다. 그는 나중에 시카고 은행가들과 모임에서도 그 연설의 일부분을 반복했다고 한다. 그리고 이후에, 정부가 독점 방지를 위해 철강 트러스트를 해산하기 위해 소송을 제기했을 때, 그는 증인석에 앉아 금융 활동 열풍을 일으킨 발언들에 대한 자신의 견해를 밝히며 모건을 고무시켰다고 한다.

그러나 그것은 다소 맥락에 맞지 않고 가정에 근거한 연설이었을 가능성이 크지만, 알찬 내용과 재치 있는 말로 가득 찬, 편안한 연설이었다.

그날의 만찬이 끝나도 사람들은 여전히 떠나지 않았다고 한다.

슈와브와 90분 동안이나 이야기를 나누었지만, 모건은 다시 이 젊은 웅변가를 어두운 창가로 데려가, 높고 불편한 의자에 앉아서 한 시간 동안이나 더 이야기를 나누었다.

슈와브는 철강의 미래, 효율성을 위한 조직 개편, 전문화, 실패한 공장의 폐기와 번창하는 부동산에 관한 관심, 철광석 운반에 대한 경제성, 행정부처의 역할과 해외시장 진출에 대해 광범위하게 자신의 의견을 제시했다.

게다가 그는 관습적인 오류가 있다고 노회한 사업가에게 지적했다. 독점권 창출과 가격 인상, 특권을 얻기 위해 스스로 많은 배당금을 지불하는 것 등 많은 정책을 비난했다. 그는 이 정책의 근시안적인 관점이 오히려 시장을 위축시킨다는 사실을 지적했다. 아울러 철강 가격을 인하하면 시장은 계속 확장될 것이며, 세계 무역의 상당 부분을 차지할 수 있을 거라고 주장했다.

유니버시티 클럽에서의 만찬은 끝났다.

모건은 집으로 돌아가 슈와브의 장밋빛 전망에 대해 생각해 보기로 했다.

슈와브는 앤드루 카네기가 있는 곳으로 돌아갔다.

시간은 그리 오래 걸리지 않았다. 모건은 슈와브가 제시한 안을 검토하는 데 일주일이 걸렸다. 그리고 마침내 모건은 슈와브를 불렀지만 젊은 슈와브는 수줍은 체하고 있었다. 자신의 고용인인 앤드루 카네기가 월가의 황제와 시시덕거리는 모습을 보게 되면 좋아하지 않을지도 모르기 때문이었다.

그 사이에 중개인인 존 게이츠는 두 사람이 필라델피아의 한 호텔에서 만나게 하려고 제안했다. 그리하여 슈와브가 호텔에 도착했지만, 모건은 몸이 아파 뉴욕의 자택에 머물러 있었다. 그러나 슈와브가 도착했다는 소식을 들은 모건은 다급하게 그의 방문을 요청했고, 슈와브는 급히 뉴욕으로 찾아갔다.

그런데 일부 경제학자들은, 그 드라마는 시작부터 끝까지 앤드루 카네기에 의해 무대가 설정되었다는 주장을 한다. 그 무대는 슈와브와의 만찬, 그 유명한 연설, 슈와브와 모건의 일요일 밤 만남은 모두 약삭빠른 스콧이 마련한 행사였다는 것이다.

하지만 슈와브는 자신이 직접 쓴 종이를 지참하고 회의에 참석했다. 이는 그가 철강업계의 스타가 되고자 하는 야망과, 모든 철강회사의 잠재적 수익 능력과 물리적 가치에 대해 마음속에 품고 있던 생각을 드러낸 것이었다.

동이 트자 모건은 일어나 허리를 곧추세웠다. 이제 오직 한 가지 의문만이 남아 있었다. 모건이 불쑥 물었다.

"당신은 앤드루 카네기를 설득해서 회사를 팔 수 있을 거라고 생각합니까? 만일 당신이 설득할 수 있다면, 내가 그 일을 맡겠소."

그러자 슈와브는 망설이지 않고 대답했다.

"할 수 있습니다."

지금까지는 좋았다. 하지만 앤드루 카네기가 과연 팔려고 할까? 그렇다면 얼마를 요구할까? (슈와브는 약 3억 2천만 달러를 생각하고 있었다.) 그리고 그는 어떻게 지불하기를 원할까? 보통주나 우선주? 아니면 채권이나 현금? 하지만 그 어느 사람도 그 금액을 현금으로 조달할 수는 없었다.

지난 1월, 서리가 내린 곳에서 앤드루 카네기와 스와브는 골프를 쳤다. 슈와브는 언제나처럼 씩씩하게 이야기를 했지만 두 사람이 아늑한 방갈로의 온기에 몸을 녹일 때까지는 그 어떤 사업 이야기도 언급하지 않았다.

그런 뒤, 슈와브는 80명의 재계의 거물들에게 최면을 걸었던 것과 같은 설득력으로, 노인의 변덕을 만족시키기 위해, 최대한 편안하게 그리고 은퇴 후의 평안한 약속들을 쏟아냈다. 그러자 카네기는 미끄러지듯 숫자를 쓰고는 말했다.

"좋아, 그렇게 팔아야겠지."

그 수치는 약 4억 달러였으며, 슈와브가 언급한 3억 2천만 달러를 기본 수치로 삼고, 여기에 8천만 달러를 더해, 지난 2년간 증가한 자본 가치를 나타냄으로써 금액이 완성되었다.

나중에 대서양 횡단 여객선 갑판에서 스코틀랜드인이 미소를 지으며 모건에게 말했다.

"나라면 1억 달러를 더 달라고 했을 텐데, 그걸 넘겨주다니……."
"그렇게 요구했더라면 주었겠지."

모건이 쾌활하게 대답했다.

물론 소란도 있었다. 영국 특파원은 거대한 철강기업 조합의 탄생에 '경악하고 있다.'고 급보를 쳤다.

예일 대학의 해들리 총장은 이 나라는 '향후 25년 안에 워싱턴의 황제'를 맞이할 것이라고 선언했다.

그 유능한 주식 전문가인 킨은 주식시장에서 새로운 주식을 모두 소화하도록 하는 일에 착수했다. (약 6억 달러 정도로 추산)

카네기와 모건 신디케이트, 게이츠와 개리에 이르기까지 수천만 달러에서 수백만 달러가 주어졌다.

찰스 슈와브에게도 보상이 따랐고 새로운 회사의 사장으로 취임한 그는 1930년까지 회사를 운영했다.

당신이 지금까지 읽은 이 '빅 비즈니스'의 극적인 성사 이야기를 이 책에 나열한 이유가 있다. 야망을 금전으로 전환시킨 사례이기 때문이다.

나는 일부 독자들이 단순히 보이지 않는 무형의 야망을 금전으로 변환시킬 수 있다는 주장에 의문을 제기하리라 생각한다. 의심의 여지 없이 몇몇 사람은 불가능하다고 단정할 것이다. 해답은 'US 철강'의 이야기 속에 들어 있다.

그 거대 기업은 오직 한 사람의 마음속에서 만들어졌다. 조직에 재정 안정을 주는 제철소를 제공하는 계획 역시 한 사람의 마음속에서 만들어졌다. 그의 신념과 야망, 상상력과 끈기가 미국 철강업계에 들어간 진정한 재료였다.

새로 탄생한 기업이 인수한 제철소와 기계장비는 부수적인 것이다. 하지만 면밀하게 분석해서 단지 하나의 관리하에 통합하는 거래만으로도, 새로운 기업이 취득한 자산 가치는 6억 달러나 증가했다.

즉, 찰스 슈와브가 자신의 아이디어를 JP 모건과 다른 사람들의 마음에 전달했던 신념은, 6억 달러의 이익을 위해 판매되었던 것이다. 그런 면에서 보면 하나의 아이디어에 보잘것없는 액수가 아니라고 할 수만은 없을 것이다. 그 거래로 수백만 달러의 이익을 자기 몫으로 벌어들인 사람들에 대해서는 언급하지도 않겠다.

이후 'US 철강'은 계속 번창하여 미국에서 가장 강력한 우량기업 중 하나가 되었다. 그 결과 수많은 사람을 고용하고, 새로운 철강 사용법을 개발해 내고, 새로운 시장을 개척했다. 결국 슈와브의 아이디어는 6억 달러 이상의 수익을 창출한 것이다.

부는 생각에서 시작된다.

그리고 금액은 그 생각의 주인에 의해서만 제한된다. 그리고 신념은 그 한계를 뛰어넘는다. 이 책에서 말하는 대로 당신이 요구하는 것이 무엇이든 간에, 당신의 인생에서 대가를 수확하려 할 때 이 이야기를 기억해야 한다.

또한 당시 'US 철강'을 만든 사람은 실질적으로 알려지지 않았다는 사실을 기억하자. 슈와브는 자신의 그 유명한 아이디어를 낳기까지 단지 앤드루 카네기의 '충실한 하인'에 불과했다. 하지만 그 후 그는 곧바로 권력과 명성, 부자의 반열에 올랐다.

잠시 눈을 감고 심호흡을 한 후, 마음을 가다듬고 다음의 각 질문에 자신의 답변을 적어보시기 바랍니다.

◆ 목표를 이룬 모습을 상상하면 어떤 모습인가?

◆ 어떤 옷을 입고 무엇을 가지고 있는가?

◆ 자신의 모습은 어떤 모습인가? 어떤 태도로 어떤 자세나 행동을 하고 있는가?

◆ 눈앞에 무엇이 보이는가? 누구와 함께 있는가?

◆ 무슨 소리가 들리는가? 다른 사람들이 자신에게 뭐라고 말하는가?

◆ 자신을 누구라고 불러주는가?

◆ 몸으로 어떤 것이 느껴지는가? 기분이 어떠한가?

◆ 목표를 이루기 위해 오늘 실행할 수 있는 것 3가지는 무엇인가?

◆ 당장 무엇부터 할 것인가?

부자가 되겠다는 자기암시를 걸어야 한다

| 부자가 되기 위한 생각 |

◆ 자기암시는 오감을 통해 마음에 도달하는 모든 제안과 자기 관리를 위한 자극을 말한다.

◆ 자기암시의 원리는, 의식 속에 남도록 허용하는 지배적인 생각이 자연스럽게 잠재의식에 도달함으로써 행동에 영향을 미친다.

◆ 잠재의식이란, 좋은 씨앗을 뿌리지 않으면 비옥한 땅에 잡초만 무성하게 자라는 정원과도 같다고 할 수 있다. 자기암시는 자발적으로 잠재의식에 창의적인 생각을 공급하거나 차단한다.

◆ 느끼는 감정이나 열망을 말과 혼합해야만 좋은 결과를 얻을 수 있다. 잠재의식은 감정이나 열망과 잘 섞인 생각만을 인식하고 행동으로 나아가게 한다.

◆◇◆

지혜와 총명함만으로는
돈을 불러들일 수 없다

▶──────────── 자기암시는 오감(五感, 시각, 청각, 후각, 미각, 촉각)을 통해 일어나는 모든 자발적인 충동을 자기 마음에 다다르게 하는 암시나 자극을 말한다. 달리 말하면 자기암시는 자기 제안이라고도 할 수 있다. 의식적인 사고가 일어나는 마음의 부분, 그리고 그 마음에서 행동을 일으키는 잠재의식 사이에서 소통 역할을 한다.

자기암시의 원리는, 의식 속에 남도록 허용하는 지배적인 생각(생각이 부정적이든 긍정적이든, 비물질이든)이 자연스럽게 잠재의식에 도달함으로써 행동에 영향을 미친다.

부정적이든 긍정적이든 어떤 생각을 해도 자기암시의 도움 없이는 무의식의 사고에 들어갈 수 없다. 다르게 말하면, 오감을 통해 느낀 모든 감각은 의식적 사고에 의해 멈추고, 잠재의식에 전달되거나 거부될 수 있다. 따라서 의식적 사고는 잠재의식의 접근에 관한 외부 보호자 역할을 한다.

인간은 오감을 통해 잠재의식에 도달하는 암시의 힘으로, 우리가 필요로 하는 그 모든 것들을 창출해냈다.

잠재의식이란, 좋은 씨앗을 뿌리지 않으면 비옥한 땅에 잡초만 무성하게 자라는 정원과도 같다고 할 수 있다. 자기암시는 자발적으로 잠재의식에 창의적인 생각을 공급하거나 차단한다. 그리하여 파괴적인 생각은 이 풍부한 마음의 정원으로 가는 길을 차단하는 것이다.

당신은 제1장 야망에 관한 장에서 설명한 6가지 원칙 중 6번째 원칙에서, 매일 두 번 돈에 대한 야망의 자기 선언문을 소리 내어 읽으라는 지시를 받았고, 이미 돈을 소유하고 있는 자신의 모습을 느끼라는 지시를 받았을 것이다. 이 지시를 따르면, 당신은 절대적인 신념으로 야망의 대상을 당신의 무의식에 직접 전달할 수 있다. 이 과정을 반복함으로써 야망을 금전과 똑같은 등가물로 바꾸는 사고 습관을 들일 수 있다.

제1장에서 설명한 6가지 원칙으로 돌아가서 계속 진행하기 전에, 매우 주의 깊게 다시 읽어보기를 바란다. 야망의 자기 선언문을 큰 소리로 읽을 때, 단순히 단어를 읽기만 해서는 좋은 결과가 나오지 않는다는 것을 기억해야 한다. 느끼는 감정이나 열망을 말과 혼합해야만 좋은 결과를 얻을 수 있다.

아무런 야망도 신념도 없이 그저 하루하루 모든 면에서 점점 좋아지고 있다고 수백 번 반복해 봤자, 결코 좋은 결과를 얻지 못할 것이다. 잠재의식은 감정이나 야망과 잘 섞인 생각만을 인식하고 행동으로 나아가게 한다.

자기암시 원칙을 적용하려는 많은 사람이 원하는 결과를 얻지 못하는 주된 이유는 이러한 이해 부족 때문이다. 평범하게 감정도 들어가지 않은 말은 잠재의식에 영향을 미치지 못한다. 생각을 잠재의식에 도달하게 하는 방법을 배우고 싶거나, 신념에 기반을 둔 감성적인 말을 배우기 전에는 눈에 띄는 결과를 얻지 못할 것이다.

처음 시도할 때 감정을 통제하거나 지시할 수 없다고 낙담할 필요는 없다.

잠재의식에 도달하고 영향을 미칠 수 있는 능력을 갖추려면, 그만한 노력이 필요하며 대가를 치러야 한다. 속이고 싶다고 해서 속임수를 쓸 수 있는 것도 아니다. 잠재의식에 영향을 미치는 뛰어난 능력이 있는 사람은, 이 책에서 설명하는 원리를 적용하기 위해 끈기를 갖고 꾸준히 노력한 사람이다. 적은 대가를 치르고 쉽게 원하는 능력을 얻을 수는 없는 일이다.

지혜와 총명함만으로는 돈을 불러들이고 부를 쌓을 수 없다.

실패를 경험한다는 것은 방법 때문이라기보다는 개인적으로 실패한 것이다. 시도했지만 실패했다면 다시 노력하고 성공할 때까지 다른 노력을 기울여야 한다.

자기암시 원리를 사용하는 능력은 그 야망에 집중하는 것에 달려 있다. 제1장에서 설명한 6가지 원칙의 지침을 이행하기 시작하면 집중이라는 원리를 활용할 필요가 있다.

잠시 집중력을 효과적으로 사용하기 위한 방법을 소개하도록 하겠다. 6가지 원칙 중 첫 번째 원칙을 이행하기 시작했다면 눈을 감고, 자신이 원하는 금액에 대해 집중하고, 원하는 금액의 실제 모습을 볼 수 있을 때까지 유지하는 것이다.

이를 하루에 한 번 이상 수행하자. 이 연습을 하면서 신념에 관한 지침을 따르고, 실제로 돈을 소유하고 있는 자신을 보자.

여기에 매우 중요한 사실이 있다. 잠재의식이란 절대적인 신념으로 명령하고 지시하는 것들에 대해 행동을 일으킨다는 점이다. 비록 명령이 해석되기 전에 반복적으로 명령을 내려야 한다고는 하지만 말이다.

이 설명에 따른다면, 시각화할 확실한 금액이 있고, 그 돈이 당신을 기다리고 있다는 걸 믿게 된다면, 잠재의식은 돈을 얻기 위한 실질적인 계획을 세우라고 주장할 것이다. 이제 당신의 상상력이 무엇을 할 수 있는지 살펴보고, 야망을 잠재의식에 전달함으로써 부를 얻기 위한 실제적인 계획을 세워보자.

시각화할 돈에 대한 대가를 위해 조바심을 내서는 안 된다. 하지만 그러는 동안 잠재의식은 필요한 계획을 세우라고 당신에게 요구할 것이고, 그 돈을 소유하고 있는 당신의 모습을 즉시 볼 수 있도록 할 것이다.

계획이 세워진 뒤에는 즉시 행동으로 옮겨야 한다. 계획들은 아마도 영감의 형태로, 육감을 통해 당신의 머릿속에 번쩍 하고 나타날 것이며, 이는 영감으로부터 비롯된 메시지이다.

여섯 가지 원칙 중 네 번째 원칙에서 '야망을 이행하기 위한 구체적인 계획을 세우고, 계획을 즉시 실행에 옮기기 시작하라.'라는 지시를 받았을 것이다. 그리고 이 지시사항은 앞 단락에서 설명한 방법을 따라야 한다. 야망의 전달을 통해 부를 축적하기 위한 계획을 세울 때 논리적 근거를 따질 필요는 없다. 당신이 생각해낸 근거는 결함이 있다. 게다가 당신의 추리력은 부실할 수도 있고, 이유에 집착하다가는 실망할 수도 있다.

'모으려는 돈을 시각화할 때, 눈을 감고, 이 돈에 대한 대가로 고객에게 서비스나 상품을 제공하는 자신의 모습을 상상으로 보아야 한다. 이것은 아주 중요하다!'

목표한 기한과 금액을
확실히 정하라

▶——————————— 당신이 이 책을 읽고 있다는 사실은 진지하게 지식을 구하고 있다는 것을 의미한다. 또한 당신은 겸허한 태도로 배우려고 해야 한다. 지시하는 내용 중 몇 가지만 따르거나 무시한다면 실패할 것이다. 만족스러운 결과를 얻으려면 모든 지침을 따르며 믿어야만 한다.

이제 제1장의 6가지 원칙과 관련하여 제공된 지침이 요약되고, 이번 장에서 다루는 지침과 자연스럽게 섞일 것이다.

첫째, 방해를 받지 않는 조용한 장소(가급적 밤에 침대에서)에 들어가 눈을 감고 큰 소리로 반복하자. 축적하고자 하는 금액에 대한 선언문, 기한 및 돈에 대한 대가로 무엇을 할 것인지를 소리 내어 복창한다. 이 지침을 수행할 때는, 이미 돈을 가지고 있는 미래의 모습을 떠올린다.

예를 들어, 5년 후인 1월 1일까지 5만 달러를 모으게 될 것이며, 판매원이라면 목표한 돈에 대한 대가로 어느 상품을 제공할 계획이라고 가정하면 된다. 당신의 목표에 대한 자기 선언문은 다음의 예와 비슷하면 된다.

"나는 반드시 그 돈을 벌 수 있다고 믿는다. 내 신념이 너무 강해 이제 그 돈을 눈앞에서 볼 수 있고 손으로 만질 수도 있다. 그 돈은 지금 나에게 오기를 기다리고 있으며, 나는 그 돈에 대한 대가로 최대의 노력을 제공할 것이다. 나는 그 돈을 모을 계획을 수립하며, 이 계획이 접수되는 대로 바로 행동할 것이다."

둘째, 당신이 모으고자 하는 돈을 볼 수 있을 때까지 밤낮으로 선언문을 반복해서 읽어보자.

셋째, 선언문을 보이는 곳에 붙여 두고, 아침과 잠자리에 들기 전에 복창하는 등 암기할 때까지 소리 내어 읽어야 한다.

이 지침을 수행할 때 잠재의식에 명령을 내리기 위해 자기암시의 원리를 적용하고 있음을 기억해야 한다. 또한 당신의 잠재의식은 감정이 실린 지시에 따라서만 행동을 일으킨다는 것을 기억하자. 신념은 여러 감정 중에서도 가장 강하고 가장 생산적이다.

이들 지침은 처음에는 추상적으로 보일 수 있더라도, 그런 생각이 당신을 방해하지 않도록 하자. 처음에는 추상적이거나 비현실적으로 보이겠지만 반드시 지침을 따라야 한다. 지시받은 대로 이행하면, 행동뿐 아니라 정신적으로도 완전히 새로운 우주의 힘이 곧 당신에게 펼쳐질 것이다.

새로운 아이디어에 대해 의구심을 갖는 것은 모든 인간의 특성이다. 그러나 설명한 지침을 따르면 의구심은 곧 신념으로 대체될 것이며, 곧이어 절대적인 신념으로 구체화될 것이다. 그러면 "나는 내 운명의 주인이고 내 영혼의 선장이다."라고 진정으로 말할 수 있는 지점에 이르게 될 것이다.

많은 철학자가 말하기를 인간은 자기 운명의 주인이라고 했다. 하지만 왜 주인인지 그 이유를 밝히지 못했다. 인간이 자신의 주인이 될 수 있는 이유와 재정 상태에 대해, 다음 장에서 잘 설명할 것이다.

인간은 자신의 잠재의식에 영향을 미칠 수 있는 힘을 갖고 있기에, 그리고 그것을 통해 무한지성의 협력을 받을 수 있기에, 자신과 환경의 주인이 될 수 있다. 당신은 지금 이 성공철학의 핵심을 읽고 있는 것이다.

이 장에 포함된 지침을 이해하고 적용해야 한다. 당신의 야망을 실현하려면 이번 장에 포함된 지시사항을 잘 이해하고, 끈기를 갖고 지속적으로 적용해 나가야 한다.

야망을 돈으로 바꾸는 실제적인 수행이란, 그 야망을 자기암시 원리를 사용해서 잠재의식에 도달하게 하는 것이다. 다른 지침들은 그저 자기암시를 적용하기 위한 단순한 도구들임을 기억하자. 그러면 항상 더 중요한 부분을 의식하게 될 것이고, 자기암시의 원리는 이 책에서 설명하는 방법으로 돈을 축적하려는 노력에 관여하게 될 것이다.

어린아이처럼 이 지침을 따르기를 바란다. 당신의 노력에 순진무구한 아이의 신념 같은 것을 주입하기를 바란다. 나는 여러분의 성공에 도움을 주고자 하는 진지한 열망 때문에, 실용적이지 않은 지침이 포함되어 있지 않은지 무척 많은 주의를 기울였다.

책 전체를 다 읽었더라도 이에 그치지 말고 다시 한번 정독하며, 이 책의 행동과 지침을 따르자.

자기암시의 원리가 건전한 것임을 완전히 확신할 때까지, 매일 밤 한 번씩 전체 장을 큰 소리로 읽자. 자기암시 원리가 여러분이 갈망하고 원하는 모든 것을 성취할 수 있게 할 것이라고 확신을 해야 한다.

읽는 동안 좋은 인상을 주는 문장에 밑줄을 그어두고, 앞서 설명한 지침을 복창하면, 완전히 이해하고 숙달할 수 있는 길이 열릴 것이다.

잠시 눈을 감고 심호흡을 한 후, 마음을 가다듬고 다음의 각 질문에 자신의 답변을 적어보시기 바랍니다.

◆ 자신의 잠재의식에는 어떤 생각의 씨앗들이 심어져 있을까?

◆ 풍요와 성장에 도움이 되는 생각의 씨앗은 무엇일까?

◆ 풍요와 성장에 도움이 되지 않는 생각의 씨앗들은 무엇일까?

◆ 도움이 되지 않는 생각 대신 도움이 되는 생각으로 바꾼다면 어떻게 바꾸면 좋을까?

◆ 잠재의식에 심고 싶은 선언문을 만든다면 어떤 문장이 될까?

◆ 선언문을 잠재의식에 심기 위해 언제 어디에서 낭독할 것인가?

제4법칙

전문지식을
활용해야 한다

| 부자가 되기 위한 생각 |

◆ 지식은 잠재적인 힘일 뿐이다. 지식은 명확한 행동 계획으로 체계
  화되고 명확한 목표를 향할 때만 힘이 된다.

◆ 지식을 습득했다면 실제로 계획을 세우고 명확한 목표를 위해 체
  계화하고 사용할 수 있어야 한다.

◆ 성공한 사람들은 자신의 목표, 사업 또는 직업과 관련된 전문지식
  의 습득을 멈추지 않는다.

◆ 성공의 길은 지식을 추구하는 길을 벗어나지 않는다.

지식은
명확한 목표를 가질 때만
힘이 된다

▶──────────── 지식에는 두 종류가 있다. 하나는 일반적인 지식이고 다른 하나는 전문화된 지식이다. 일반 지식은 양이나 다양성이 아무리 크더라도, 부를 축적하는 데 거의 사용되지 않는다.

뛰어난 대학의 학부는 총체적으로 알려진 거의 모든 형태의 일반 지식을 보유하고 있다. 하지만 대부분 교수는 부자가 아니다. 이들은 지식 교육에 특화되어 있지만, 돈을 버는 것에는 특화되어 있지 않다.

지식은 확실하게 부를 축적할 수 있도록 실제적인 행동 계획으로 체계화되고, 지적으로 유도되지 않는 한 돈을 끌어들이지 못한다. 이런 사실에 대한 이해 부족으로 '지식은 힘'이라는 잘못된 신념을 갖는 것이 혼란의 원인이 되고 있다. 지식은 전혀 그런 종류의 것이 아니다. 지식은 잠재적인 힘일 뿐이다. 지식은 명확한 행동 계획으로 체계화되고 명확한 목표를 향할 때만 힘이 된다.

오늘날 모든 교육 시스템에서 이 '누락된 고리'는, 학생들이 지식을 습득한 후 체계화하고 활용하는 방법을, 교육기관이 가르치지 못한 데서 비롯되었다.

많은 사람은 헨리 포드가 학교를 거의 다니지 않았기 때문에, 그가 '교육'받지 않은 사람이라고 가정하는 실수를 범한다. 이러한 실수를 저지르는 사람들은 헨리 포드를 모르고 '교육'이라는 단어의 진정한 의미를 모른다. 이 단어는 라틴어 'educo'에서 파생되었는데, 이는 추출하고, 더 날카롭게 다듬고, 내면으로부터 개발한다는 것을 의미한다.

교육받은 사람이 반드시 일반적인 지식이나 전문 지식이 풍부한 것은 아니다. 교육받은 사람은 다른 사람의 권리를 침해하지 않으면서, 자신이 원하는 것, 또는 그에 상응하는 것을 얻을 수 있을 정도의 마음을 개발한 사람이다. 헨리 포드는 이 정의에 잘 들어맞는다.

세계 대전 중 시카고 신문은 한 사설을 실었는데, 거기서 헨리 포드를 '무지한 평화주의자'라고 불렀다. 포드는 자신을 비방했다며 신문사에 소송을 제기했다. 법원에서 재판이 열렸는데, 신문사의 변호사들은 배심원단에게 포드가 무지하다는 것을 증명할 목적으로 포드를 증인석에 앉게 했다.

변호사들은 포드에게 매우 다양한 질문을 했는데, 그 모든 질문들은 포드가 자동차 제조에 관해서는 상당한 전문지식을 보유하고 있을지 몰라도, 대체로 무지하다는 것을 증명하기 위한 의도였다.

포드는 다음과 같은 질문에 응수해야 했다.

"베네딕트 아놀드가 누구입니까?"

"영국이 1776년에 반란군을 진압하기 위해 얼마나 많은 군인을 미국에 보냈습니까?"

마지막 질문에 대해 포드는 이렇게 대답했다.

"영국군이 파견한 정확한 병사 수는 모르지만, 돌아온 사람의 숫자보다는 훨씬 많았다고 들었습니다."

마침내 포드는 이런 질문에 질리고 말았다. 특히 불쾌한 질문에 대해 그는 몸을 숙이고 손가락을 가리키며 말했다.

"당신이 방금 했던 어리석은 질문에 내가 정말로 대답하고 싶다면, 또는 당신이 나에게 물어보는 다른 질문이 있다면, 내 책상 위에 전화기가 놓여 있음을 알려드리고 싶습니다. 내가 버튼만 누르면, 내가 대부분의 노력을 쏟아붓고 있는 자동차 사업과 관련하여, 그 어떤 질문에도 대답할 수 있는 사람을 부를 수 있습니다. 내가 필요로 하는 그 어떤 지식도 대답해 줄 수 있는 사람이 내 주변에 있는데 내가 왜 그런 일반적인 지식 때문에 내 마음을 어지럽혀야 하는지 대답해 주겠소?"

그의 대답은 변호사를 무너뜨리고 말았다. 법정에 있는 모든 사람들은 대답을 해야 할 사람이 무지한 사람이 아니라, 교육을 받은 변호사라는 걸 깨달을 수 있었다.

포드는 미국에서 가장 부유한 사람 중의 한 사람이 될 수 있도록 하는데 필요한 모든 전문지식을 자신의 휘하에 거느리고 있었다. 머릿속에 이 모든 지식을 가지고 있는 것은, 그에게 필수적인 사항이 아니었다.

분명 전문서적을 왕성하게 읽을 만큼의 충분한 성향과 지성을 가진 사람들은 위의 사례의 중요성을 놓치지 않을 것이다. 당연히 야망을 금전과 동일한 등가물로 변환할 수 있다는 확신을 갖기 이전에, 부를 얻는 대가로 제공하려는 상품이나 서비스, 또는 직업에 대한 전문지식은 필요하다. 어쩌면 습득하게 될 능력이나 성향보다 훨씬 더 전문적인 지식이 필요할 수도 있다.

앤드루 카네기는 철강사업의 기술적인 부분에 대해서는 아무것도 몰랐다고 한다. 더욱이 그는 철강에 대해 특별히 알고 싶어 하지도 않았다. 철강 제조 및 마케팅에 필요한 전문 지식은 그 분야의 전문가 그룹을 통해 얻을 수 있음을 알게 되었기 때문이다.

거대한 부의 축적은 힘을 필요로 하고, 힘은 고도로 조직되고 지적인 전문지식을 통해 습득할 수 있지만, 부를 축적하려는 사람이 반드시 그 지식을 터득할 필요는 없다.

카네기는 자신에게 필요로 하는 전문지식을 배우기 위한 '교육'을 받지 않았어도 전혀 불편한 것이 없었다. 그러나 어떤 사람들은 교육을 받지 않아서 때때로 열등감에 시달리며 살아가기도 한다.

부를 쌓는 데 유용하고 전문적인 지식을 지닌 협력자 그룹을 조직하고 지휘할 수 있는 사람은, 그 팀의 어떤 사람 못지않게 교육된 사람이라 할 수 있다. 제한적인 학교 교육을 받아 열등감을 느끼는 사람이라면 다음 이야기를 기억하기를 바란다.

토머스 에디슨은 평생 학교 교육이라고는 단 3개월밖에 받지 못했다. 하지만 그는 교육이 부족하지 않았고 가난하게 죽지도 않았다.

헨리 포드는 6년 미만의 학교 교육을 받았지만 혼자서도 재정적인 문제를 다 해결했다.

◆ ◇ ◆

지식은 가치 있는 목표를 위해
활용하는 것 말고는
다른 가치는 없다

▶───────────── 인생의 목적, 일에서의 목표는 필요
한 지식을 결정하는 데 도움이 된다. 이 질문이 해결되면 다음 단계에
서는 신뢰할 수 있는 지식의 원천에 대한 정확한 정보가 있어야 한다.
그중 중요한 것은 다음과 같다.

(1) 자신의 경험과 교육

(2) 다른 사람의 협력을 통한 경험과 교육

(3) 대학

(4) 공공 도서관(문명별로 체계화된 모든 지식을 얻을 수 있는 책과 정기 간행물을 통해)

(5) 특별 훈련과정(특히 야간학교 및 통신교육을 통해)

지식을 습득했다면 실제로 계획을 세우고 명확한 목표를 위해 체계화하고 사용할 수 있어야 한다. 지식은 가치 있는 목표를 위해 적용함으로써 얻을 수 있는 것 말고는 다른 가치는 없다. 이것이 대학 학위가 더 높게 평가받지 못하는 하나의 이유이다. 그것들은 단지 잡학적인 지식만을 나타낸다.

추가 교육을 받는 것을 고려한다면, 먼저 당신이 원하는 지식의 목표를 정하고, 이 특정한 종류의 지식을 어디서 얻을 수 있는지, 신뢰할 수 있는 출처로부터 배우기 바란다.

성공한 사람들은 자신의 목표, 사업 또는 직업과 관련된 전문지식의 습득을 멈추지 않는다. 그러나 성공하지 못한 사람들은 보통 학교를 마치면 지식 습득 기간이 끝났다고 생각해 버린다. 하지만 진실은 학교교육이 실질적인 지식을 습득하는 방법을 배우는 데 오히려 방해가 되고 있는 것이다.

지금부터는 전문지식이 필요한 시대가 될 것이다.

이에 대해서는 컬럼비아 대학의 로버트 무어 교수가 특별히 강조한 내용이 있어 소개하려 한다.

특히 기업체들이 추구하는 분야는 회계 및 통계학 교육을 받은 비즈니스 스쿨 졸업자, 모든 종류의 기술자, 언론인, 건축가, 화학자, 뛰어난 리더 및 고위직 활동을 전문적으로 하는 사람들이다.

캠퍼스에서 활발하게 활동해 온 사람, 온갖 사람들과 잘 어울리는 성격, 공부를 잘해낸 사람은, 단순히 학구적인 학생보다 확실한 우위를 갖고 있다. 그들 중 일부는 다재다능한 개성으로 인해 여러 가지 직책의 제안을 받는다.

'모든 성적이 A'인 학생이 항상 더 나은 직업을 갖게 된다는 개념에서 벗어나, 대부분의 기업이 학업성적뿐 아니라 학생의 활동 기록과 성격에 관심이 있다고 했다.

업계에서 가장 큰 기업 중 한 곳에서는, 대학 예비 졸업생에 대해 서면으로 다음과 같이 설명했다.

"우리는 주로 경영 업무에서 탁월한 진전을 이룰 수 있는 사람에게 관심을 갖고 있습니다. 이러한 이유로 우리는 특정한 교육을 받은 사람보다는 훨씬 더 인품과 성품의 자질을 강조합니다."

◆◇◆

성과를 내지 못한다면
더 큰 기회를 찾아
다른 업종으로 전환해야 한다

▶────────────── 로버트 무어 교수는 말한다.

"여름방학 동안 사무실, 상점, 다양한 직종에 학생들의 실습 제안을 하면서, 입학 후 2~3년 뒤에는 모든 학생들에게 미래 코스를 확실하게 선택하고, 만약 목표도 없이 표류하고 있다면, 과목을 바꾸거나 중단하라고 요구해야 한다. 대학은 이제 모든 직업과 직종이 전문가를 요구한다는 실질적인 상황에 대응해야 한다."

이제는 교육기관이 직업 지도에 대해 보다 직접적인 책임을 받아들일 것을 촉구했던 것이다.

전문 교육을 필요로 하는 사람들이 이용할 수 있는 가장 신뢰할 수 있고 실용적인 지식의 원천 중의 하나는 대도시에서 운영되고 있는 야간학교이다. 그리고 통신교육은 모든 과목에 대해, 미국의 우편이 도달하는 곳이면 어디에서나 전문 교육을 제공한다. 통신교육의 또 하나 장점은, 여가 시간을 활용할 수 있다는 학습 프로그램의 유연성이다. 통신교육의 또 다른 큰 장점은 필요로 하는 사람들을 위해, 전문지식을 갖고 폭넓은 상담을 제공하고 있다는 점이다. 이는 어디에 살고 있든 혜택을 공유할 수 있다.

나는 이것을 25년 전에 경험을 통해 배웠다. 광고를 보고 통신교육 과정에 등록한 것이다. 8~10번의 수업을 마친 후 공부를 그만두었지만, 학교는 청구서 발송을 멈추지 않았다. 게다가 학업을 계속하든 안 하든 지불을 요구했다. 그리하여 나는 법적으로 수강료를 다 지불해야 한다면, 수업을 마치고 나면 수강료만큼 가치를 얻어야 한다고 판단했다. 나는 그 당시 학교의 수강료 징수 체계가 잘 짜여 있다고 느꼈지만, 나중에 그것이 내가 받은 교육의 소중한 부분이라는 것을 알게 되었다.

돈을 지불하고 나니 어쩔 수 없이 그 과정을 마치게 되었다. 나중에 나는 그 교육의 효율적인 수강료 징수 체계에, 마지못해 받은 교육 덕분에 큰돈을 벌 수 있었다는 사실을 깨닫게 되었다.

미국은 세계에서 가장 훌륭한 공립학교 시스템을 가지고 있다. 훌륭한 건물을 위해 엄청난 돈을 투자했고, 농촌 지역에 사는 학생들을 위해서는 편리한 교통수단을 제공하여 최고의 학교에 다닐 수 있도록 했다. 그러나 이 놀라운 시스템에는 놀랄 만한 점이 있다. 모든 공립학교가 무료라는 점이다.

인간의 이상한 점 중 하나는 대가를 지불하는 것에만 가치가 있다고 생각한다는 점이다. 때문에 미국의 무료 학교와 무료 공공도서관은 사람들에게 깊은 인상을 주지 못한다. 많은 사람이 학교를 마치고 직장에 가면 추가 교육을 받아야 한다고 생각하는 주된 이유이다. 그리고 고용주가 통신교육 과정을 수강하는 직원에게 더 큰 배려를 제공하는 주요 이유이다.

그들은 경험을 얻기 위해 여가의 일부를 포기하고 집에서 공부하기를 선택한 야망을 가진 사람들이다. 이런 사람들은 누구나 리더십이라는 자질을 갖고 있다는 것을 우리는 배워서 알고 있다. 이런 배려는 절대 자선행위가 아니며 고용주의 건강한 사업적 판단이라 할 수 있다.

사람들에게는 치료법이 없는 약점 하나가 있다. 그것은 야망의 부족이라는 보편적인 약점이다. 통신교육을 위해 여가시간을 포기한 사람 중에, 특히 급여를 받는 사람은 그 바닥에 오래 머무르는 경우가 거의 없다. 그들의 행동은 정상을 향해 오르는 길에 아무리 많은 장애물이 있어도 제거하며, 기회의 길을 열어줄 사람들로부터 우호적인 관심을 받는다.

통신교육 방법은 학교를 졸업한 후 추가적인 전문지식을 습득해야 하지만, 고용되어 있어서 학교로 돌아갈 수 없는 사람들의 요구에 특히 적합하다.

대공황 이후 변화된 경제 상황으로 인해, 수많은 사람이 추가 또는 새로운 수입원을 찾아야 했다. 대부분의 경우 전문지식을 습득해야만 문제의 해결책을 찾을 수 있었고, 많은 사람이 직업을 완전히 바꿔야 할 처지에 놓여 있었다.

상인은 특정 상품 라인이 판매되지 않는다는 것을 발견하면, 잘 팔리는 상품 라인으로 교체한다. 자영업을 하는 사람도 효율을 생각하지 않을 수 없다. 자신의 사업이 적절한 수익을 내지 못한다면, 더 큰 기회를 찾아 다른 업종으로 전환해야 한다.

오스틴 위어는 건설 분야의 기술자가 되려고 준비했고, 불황으로 시장이 그가 필요로 하는 수입을 주지 못하자 우울증에 시달리며 여러 가지 일에 전전했다.

그는 자신이 하고 싶은 일을 목록으로 작성했다. 그리고는 직업을 변호사로 바꾸기로 결정하고 학교로 돌아가 기업 변호사로서 필요한 특별 과정을 수강했다. 불황이 끝나지 않았음에도 불구하고 그는 교육을 마치고 변호사 시험을 통과했으며, 텍사스주의 댈러스에서 돈벌이가 되는 일자리를 신속하게 얻을 수 있었다.

단지 하던 일을 계속하느라, 또는 부양할 가족이 있어서 학교에 갈 수 없었다든가 또는 너무 나이가 많아서라고 말하고 싶은 사람들이 있을 것이다. 그들의 변명을 예상하기에, 오스틴 위어는 40살이 넘었고 결혼조차도 학교에 다닐 때 했다는 걸 덧붙이고 싶다.

또한 선택한 과목을 배우기 위해 가장 잘 준비된 대학에서, 고도로 전문화된 과정을 신중하게 선택함으로써 오스틴 위어는 대부분의 법대생들이 4년을 요구하는 과정을 2년 만에 마칠 수 있었다.

지식을 얻는 방법을 아는 것은 그만큼 좋은 것이다.

정규 학업을 마치고 공부를 중단하는 사람은, 자신의 야망이 무엇이 되었든 절망적이고 영원히 평범한 운명에 처해질 것이다.

세상은 승자를 사랑하고
패배자를 위한 자리는 없다

▶──────────── 불경기의 한파가 불어 닥쳤을 때, 식료품점의 한 직원은 일자리를 잃고 말았다. 그러나 회계 경험이 있던 그는 특별 과정을 수강하고, 모든 최신 회계뿐만 아니라 사무기기의 작동법을 익힌 뒤 스스로 사업에 뛰어들었다. 이전에 일했던 식료품점을 시작으로, 그는 100명 이상의 소규모 상인들과 계약을 맺고 아주 적은 금액으로 장부 관리를 해주기로 했다.

아이디어는 매우 실용적이었다. 그는 곧 현대식 기기를 갖춘 작은 배송 트럭에 이동 사무실을 차렸다. 그리고 이제 그는 '바퀴 달린' 회계 사무소와 많은 직원들을 거느리고 있으며, 소규모 상인들에게 적은 비용으로 돈으로 살 수 있는 최고 수준의 회계 서비스를 제공하고 있다.

전문지식과 상상력은 이처럼 독특하고 성공적인 비즈니스에 필요한 요소다. 작년에 이 사업체의 소유주는 불황으로 일시적인 역경에 처해지기 전 자신이 일하던 상점에서 납부하던 것의 10배가 넘는 소득세를 납부하고 있다.

나는 실직한 그 직원에게 아이디어를 제공할 수 있었고, 전보다 더 많은 수입을 얻을 수 있는 또 다른 아이디어를 냈다.

내가 그 계획을 제시했을 때, 그는 재빨리 아이디어는 좋은데 어떻게 현금으로 바꿀 수 있는지 모르겠다고 외쳤다. 다시 말해, 회계 지식을 습득한 후에 어떻게 영업을 해야 할지 모르겠다고 불평을 했다.

해결해야 할 문제가 또 생긴 것이다. 그래서 젊은 여성 타이피스트의 도움을 받았다. 그녀의 도움으로 새로운 회계의 장점을 설명해 둔 매우 매력적인 책자를 준비했다. 깔끔하게 타이핑된 페이지를 평범한 스크랩북에 붙였는데, 새로운 사업에 관한 이 이야기는 매우 효과적으로 전달되었다.

비로소 그 직원은 불평이 사라졌고 상점 소유주들이 처리할 수 있는 것보다 더 많은 장부를 처리할 수 있다는 걸 알게 되었다.

전국의 수많은 소상공인들은 이미지를 판매하기 위해, 매력적인 제안서를 작성할 줄 아는 전문가의 도움을 필요로 하고 있다. 이러한 이미지 마케팅의 연간 총매출은 가장 큰 회사가 올리는 매출보다 훨씬 많다.

여기에 설명된 아이디어는 반드시 해결해야 할 긴급 상황에 관한 것이다. 하지만 한 사람에게만 적용되는 것이 아니다.

이 아이디어를 만들어낸 여성은 풍부한 상상력을 가지고 있었다.

그녀의 첫 번째 작품인 '아들을 위해 준비한 계획'은 즉시 성공을 거뒀다. 이 열정적인 여성은, 막 대학을 마치고 자신의 일을 찾지 못하고 있던 아들을 위해 해결책을 찾기 시작했다. 그녀가 아들이 사용할 수 있도록 만든 계획서는 내가 본 계획서 중 가장 훌륭한 것이었다.

계획서는 약 50페이지에 걸쳐 아름답게 타이핑되고 적절히 정리한 정보를 담고 있었다. 또 아들의 타고난 능력, 학교 교육, 개인적인 경험, 그리고 설명하기엔 너무 광범위한 다양한 정보들까지 담고 있었다.

계획서에는 아들이 원하는 직책에 대한 전체적인 설명과 함께, 직책을 수행하기 위해 활용하려는 계획까지, 단어와 그림들을 포함하여 놀랍도록 완벽하게 정리되어 있었다.

계획서를 작성하는 데는 몇 주 동안의 노력이 필요했는데, 그동안 작성자는 아들을 거의 매일 공공도서관에 보내, 아들이 그 계획서를 만드는 데 유용할 수 있도록 필요한 정보들을 확보했다. 또한 그녀는 아들의 장래 고용주가 될 사람들에게 아들을 보내 만나보게 했다. 이를 통해 계획서 안에 반드시 포함해야 할 중요한 정보, 또는 장래의 고용주들이 사업에서 가치로 여기는 것인 무엇인지에 대해 정보들을 수집했다.

이윽고 계획서 작성이 끝났을 때는, 아들을 고용한 고용주가 이용할 수 있고 또 이익을 내는 데 필요한 6가지 이상의 제안들까지 포함되어 있었다. (결국 제안서의 내용은 아들이 취업한 회사에서 사용했다.)

누군가는 "왜 그 고생을 하면서 일자리를 찾아야 하나?"라고 물을 수 있다. 이에 대한 대답이 바로 핵심 요점이며 또한 극적이기도 하다. 왜냐하면 유일한 수입원인 일자리를 찾고 있는 수백만 명의 사람들의 비극을 가정하고 다룬 주제이기 때문이다.

대답은, 일을 잘하는 것은 절대 문제가 되지 않는다는 것이다.

이 여성이 아들의 이익을 위해 작성한 계획은, 아들이 첫 면접에서 일자리를 얻을 수 있도록 도움을 주었고, 급여도 아들 스스로 정할 수 있게 해주었다.

게다가 이것도 중요하다. 젊은 사람이라고 해서 말단부터 시작할 필요는 없다는 것이다. 비록 그녀의 아들은 하위 직책으로 입사했지만 고위직 임원의 급여로 일을 시작할 수 있었다.

그런데도 왜 이 고생을 해야 하느냐고 물을 것이다.

먼저, 그녀의 아들이 밑바닥부터 시작할 작정으로 입사 지원을 했더라면, 최소 10년은 허비했을 시간을 그녀가 대폭 단축해 주었던 것이다.

바닥부터 시작해서 위로 올라간다는 생각은 일면 건전해 보일 수도 있다. 하지만 많은 사람이 바닥부터 시작해서 높은 곳으로 올라갈 때까지 기회를 얻지 못하고 그대로 남아 있는 경우가 많다.

하위직에서의 전망은 이처럼 밝거나 고무적이지 않다.

이것을 기억해야 한다. 야망을 펼치기는커녕 오히려 사라지고 만다.

우리는 이를 '판에 박힌 생활에 빠지는 것'이라고 말한다. 즉 습관은 일상의 생활에서 형성되기 때문에 운명이라고 생각하며 체념해버리는 것이다.

습관은 시간이 흐르면 너무 견고해진 나머지 버리려고 해도 무척 버리기 어려운 것이다. 이것이 바닥에서 한두 단계 높은 곳에서 시작하는 것이 가치가 있다는 또 다른 이유이다. 그렇게 할 수 있다면 주위를 둘러보고, 다른 사람이 어떻게 앞서 나가는지 관찰할 수 있고, 여유를 갖고 기회를 보거나 포용하는 습관을 기를 수 있다.

다음의 댄 할핀이 훌륭한 예다.

성공과 실패는
모두 습관의 결과이다

▶─────────── 앤드루 카네기가 젊은 비즈니스맨
들에게 스스로 높은 목표를 세우도록 영감을 주었던 것처럼, 댄 할핀
역시 일시적인 실패는 패배로 받아들이지 않았다.

어쨌든 젊은 할핀은 대공황으로 일자리가 부족하던 그 시기에 대
학을 마쳤다. 그리고 투자은행과 영화업계에 전전하던 그는, 후에 대
리점 형식의 보청기 위탁 판매를 시작했다. 그런 일은 누구라도 시작
할 수 있지만, 어쨌든 그로서는 기회의 문이 열렸다는 것에 의미를 두
기로 했다.

하지만 마음에 들지 않는 일을 거의 2년 동안 계속했지만, 뭔가
를 하지 않는다면 결코 난관을 뛰어넘을 수 없을 것 같았다. 그래서
그 보청기 회사에 영업 대리를 목표로 취직을 했다. 이 한 단계의
상승은 충분히 높은 위치여서 그에게 더욱 큰 기회를 엿볼 수 있게

해주었다.

그는 보청기 판매에서 뛰어난 기록을 세우기 시작했다. 그러자 그가 일하는 회사의 경쟁업체인 드리토그래프라는 회사의 앤드루 회장이, 훨씬 더 오래전에 설립된 자신의 회사로부터 많은 판매권을 빼앗아 가고 있는 할핀에 대해 알고 싶어 했다.

그는 할핀을 불렀다.

회장과 인터뷰가 끝났을 무렵, 할핀은 보청기 부서를 담당하는 새로운 영업부장이 되어 있었다. 그리고 앤드루 회장은 젊은 할핀의 역량을 시험하기 위해, 3개월 동안 플로리다로 떠나버렸다.

할핀은 새로운 직장에서 살아남거나 그만두어야만 했지만 그는 절대 포기하지 않았다.

너트 로킨의 '세상은 승자를 사랑하고 패배자를 위한 자리는 없다.'라는 정신은 할핀에게 영감을 주어 많은 열정을 쏟게 했다. 그는 곧 부사장 겸 보청기 및 무전기 부문을 총괄하는 책임자로 승진하게 되었다.

이는 대부분 사람이 10년 이상을 충성스러운 노력을 통해 얻을 수 있는 자랑스러운 업적이었지만 그는 6개월도 채 안 돼서 이 모든 것을 바꿔버렸다.

앤드루 회장과 할핀, 두 사람 모두 기대 이상의 성과를 내는 희귀한 자질을 가지고 있다는 찬사를 보내야 한다고 말하고 싶지는 않다. 그보다는 앤드루 회장이, 젊은 할핀의 '성취하고자 하는 야심'을 발견했다는 점이다.

바로 이것이 강조하고자 하는 핵심 포인트 중 하나다.

우리가 조건을 통제하려고 하면 얼마든지 가능하기 때문에, 의지에 따라 바닥에 남거나 높은 곳으로 올라갈 수 있다는 것이다.

또 다른 핵심 포인트, 즉 성공과 실패는 모두 습관의 결과라는 점을 강조하고자 한다.

비즈니스에서의 협력은 실패하든 성공하든 모두 중요한 요소라고 생각한다. 이 이론에 대한 나의 신념은, 최근 아들 블레어가 댄 할핀과 자리를 놓고 경합했을 때 입증되었다.

할핀은 경쟁 회사에서 받을 수 있는 급여의 반 정도만 받기로 결정했다. 나는 그에게 부모의 압박을 견디고 그 직책을 수락하도록 유도했다. 왜냐하면 좋아하지 않는 상황과 타협하는 것을 싫어하는 사람과, 긴밀한 관계를 쌓는 것은 돈으로 측정할 수 없는 자산이라고 믿기 때문이다.

바닥 생활은 어떤 사람에게도 단조롭고 싫증이 나며 수익성도 없는 곳이다. 그것이 내가 적절한 계획을 세워, 낮은 곳에서의 시작을 피하기 위해 방법을 찾는 데 시간을 할애해야 한다고 강조하는 이유이다.

세계 경제의 붕괴가 초래한 변화된 조건과 함께, 이미지 마케팅을 위해 더 새롭고 나은 방법이 필요해지고 있다. 현재 다른 어떤 업종보다 이미지 마케팅을 제공하는 대가로 막대한 자금이 흘러 다니고 있다. 이런 사실을 고려할 때 이전에 왜 이런 엄청난 비즈니스 수요를 발견하지 못했는지 의아스럽다.

월급과 급여를 위해 일하는 사람들에게 매월 지불되는 금액은 수십억 달러에 달하고, 연간으로 치면 그 액수는 수백억 달러에 이른다.

아마도 일부 어떤 사람들은 여기에 설명된 아이디어에서 자신들이 원하는 부의 핵심을 발견할 수 있을지 모른다. 장점이 없어 보이는 아이디어조차 큰 부를 자라게 하는 묘목인 것이다.

당신이 상상력을 가지고 있고, 수입이 더 높은 곳으로 출구를 찾고 있다면, 이 아이디어는 큰 자극제가 될 것이다.

참신하고 번뜩이는 아이디어는 대학에서 몇 년 동안 교육을 받아야 하는 평균적인 의사나 변호사, 엔지니어보다 훨씬 더 많은 수입을 보장한다. 여기서 설명한 아이디어는 관리업무, 또는 실행 능력이 요구되는 직책에서 이직을 원하는 사람들, 그리고 현재의 지위에서 수입을 조정하고자 하는 사람들에게도 반드시 필요하다.

불행히도 부를 누리지 못한 사람들은 아이디어보다 전문지식을 더 풍부하고 쉽게 습득할 수 있다. 바로 이런 사실 때문에, 자신을 유리하게 알릴 수 있도록 돕는 사람에 대한 수요와 기회가 계속 증가하고 있다.

역량이란 부의 창출을 위해 설계된 체계화된 계획의 형태로, 아이디어와 전문지식이 결합된 상상력을 의미한다.

만약 당신이 풍부한 상상력을 갖고 있다면, 다음 장은 여러분이 부를 얻는 시작이 되기에 충분한 아이디어를 제공할 것이다.

아이디어가 중요하다는 점을 기억하자. 전문지식은 모퉁이만 돌면 어디서든 얻을 수 있다.

코치의 질문

잠시 눈을 감고 심호흡을 한 후, 마음을 가다듬고 다음의 각 질문에 자신의 답변을 적어보시기 바랍니다.

◆ 자신이 흥미를 갖는 분야는 어떤 것들이 있는가?

◆ 자신이 가치가 있다고 생각하는 분야는 어떤 것들이 있는가?

◆ 자신의 강점을 잘 활용할 수 있는 분야는 어떤 것들이 있는가?

◆ 위 3가지가 중첩되는 분야는 무엇인가?

◆ 그 분야와 관련된 자신의 전문지식은 무엇인가?

◆ 새롭게 장착하면 좋을 전문지식은 무엇인가?

◆ 더욱 깊이 갈고닦을 전문지식은 무엇인가?

◆ 그 전문지식을 어떻게 활용하면 수익을 낼 수 있을까?

◆ 그 전문지식을 언제 어떻게 개발할 것인가?

제5법칙

❦

상상력은
부를 실현하는
도구이다

| 부자가 되기 위한 생각 |

◆ 상상력이란 인간이 창조할 수 있는 모든 계획을 만들어내는 작업
이다.

◆ 신체의 근육이나 기관은 사용을 통해 발달하듯, 상상력의 합성력과
창조력 또한 사용하면 할수록 더욱 발달한다.

◆ 아이디어는 모든 행운의 출발점이다. 그리고 아이디어는 상상력의
산물이다.

◆ 아이디어에 대한 정해진 가격은 없다. 아이디어의 창조자는 자신만
의 가격을 책정하여 영리하게 부를 얻는다.

인간은 자신이 상상하는
모든 것을 창조할 수 있다

▶─────────── 상상력이란 말 그대로 인간이 창조할 수 있는 모든 계획을 만들어내는 작업이다. 그리고 인간은 자신이 상상할 수 있는 모든 것을 창조할 수 있다. 모든 문명의 시대, 더구나 지금은 변화가 급속도로 빠른 시대이기에 상상력을 계발하는 데 유리하다. 또한 누구나 상상력을 발달시킬 수 있는 모든 자극에 접촉할 수 있는 상황이 되었다.

인간은 상상력이라는 능력의 도움을 받아, 이전 인류의 전체 역사보다 지난 50년 동안 더 많은 자연의 힘을 발견하고 또 활용하고 있다.

인간은 상상력의 도움으로 새들보다 더 빠르고 높게 비행할 수 있게 되었고 세계 어느 곳과도 즉시 의사소통을 할 수 있게 되었다.

인간은 수백만 마일이나 떨어진 태양을 분석하고 무게를 측정하며, 상상력의 도움으로 태양의 구성 요소를 파악하기도 한다. 인간은 자신의 뇌가 생각의 진동에 대한 방송국이자 수신국이라는 사실을 알게 되었고, 이제 이 발견을 실제적으로 활용할 방법을 배우기 시작했다.

인간은 시속 300마일 이상의 속도로 여행할 수 있을 정도로 이동 속도도 높였다. 조만간 뉴욕에서 아침을 먹고 샌프란시스코에서 점심을 먹는 날이 올 것이다.

인간이 가진 유일한 한계는, 상상력을 이성적으로 이용할 수 있느냐는 것이다. 인간은 상상력을 이용하는 데 있어 여전히 정점에 이르지 못하고 있다. 지금은 단지 자신이 상상력을 가지고 있다는 사실을 발견하고, 이를 매우 기초적인 방식으로 막 이용하려는 참이다.

풍부한 상상력은 두 가지 형태로 기능한다. 하나는 '합성적 상상력'이고, 다른 하나는 '창의적 상상력'이다.

합성적 상상력은, 이 능력을 통해 오래된 개념이나 아이디어 또는 계획을 새로운 조합으로 배열한다. 이 능력은 아무것도 만들어내지 않는다. 단지 이것이 경험이나 교육 및 관찰의 자원으로 작동한다. 창의적 상상력에 의존하는 천재를 제외하고는, 발명가가 스스로 문제를 해결할 수 없을 때 가장 많이 사용하는 능력이다.

창의적 상상력은, 이 능력을 통해 인간의 무한한 지능과 직접 소통하게 된다. 예컨대 '예감'과 '영감'을 받는 능력이다. 이 능력에 의해 기본적이거나 새로운 모든 아이디어가 만들어진다.

다른 사람의 마음으로부터의 진동을 받아들여지는 것도 이 능력을 통해서 가능해진다. 그리고 이 기능을 통해 다른 사람의 잠재의식과 '조율'하거나 소통할 수 있다.

기억할 부분은, 야망을 돈으로 변환시키는 방법에 대한 전체 이야기를 단 한 문장으로 설명할 수 없다는 점이다. 모든 방법에 숙달하고 조정한 다음, 사용하기 시작했을 때 완성될 것이다.

비즈니스, 산업, 금융계의 위대한 지도자, 그리고 위대한 예술가, 음악가, 시인, 작가들은 이 창의적 상상력을 계발했기 때문에 위대해졌다.

신체의 근육이나 기관은 사용을 통해 발달하듯, 상상력의 합성력과 창조력 또한 사용하면 할수록 더욱 민감해진다.

야망은 때로 모호하고 일시적이다. 이는 물리적 대응물로 전환할 때까지 추상적이며 아직은 가치가 없다. 여기에는 합성적 상상력이 가장 많이 사용되지만, 야망의 충동을 돈으로 변환하는 과정에서 창의적 상상력을 사용해야 하는 상황에 직면하게 된다는 사실을 기억해야 한다.

당신의 상상력이 부족하다면 그것은 무작용으로 인해 약해졌을 수 있다. 사용을 한다면 되살아나고 경각심을 불러일으킬 수 있다. 이 능력은 사용하지 않을 경우 침묵할 수는 있지만 사라지는 것은 아니다. 야망을 돈으로 변환하는 과정에서 더 자주 사용하게 될 능력이기 때문에, 당분간은 합성적 상상력의 계발에 주의를 기울이도록 하자.

아이디어는
모든 행운의 시발점이며
상상력의 산물이다

▶━━━━━━━━━ 이 언급이야말로 상상력이 부를 축적하는 데 사용할 수 있는 방법에 관한 명확한 정보를 전달하고 있다. 엄청난 부를 낳고 쌓은 몇 가지 잘 알려진 아이디어를 살펴보기로 하자.

　한 늙은 시골 의사가 마차를 몰고 시내로 가서, 약국 뒷문으로 슬그머니 들어가 젊은 직원과 흥정을 시작했다. 그는 남북전쟁 이후 많은 남부 사람들에게 엄청난 이익을 가져다줄 운명이었다.

　한 시간 이상 카운터 뒤에서 직원과 늙은 의사는 나지막한 어조로 이야기를 나누었다. 그런 후 의사는 자신이 타고 온 마차로 가서 낡고 오래된 큰 주전자와 나무 주걱을 가져왔다.

　직원은 주전자를 살펴보고는 안쪽 주머니에 손을 넣어 지폐 뭉치를 꺼내 의사에게 넘겼다. 지폐 뭉치는 정확히 직원의 전체 저축액인 500달러였다.

의사는 비밀의 공식이 적힌 작은 쪽지를 건네주었다. 그 작은 종이에 적힌 글들은 왕의 몸값도 치를만한 가치가 있었지만 의사에게는 아니었다.

그 마법의 주전자는 물을 끓이는 데 필요했지만, 의사나 젊은 직원은 그 주전자에서 어떤 엄청난 부가 흘러나올지 아직은 알지 못했다.

늙은 의사는 주전자와 주걱을 500달러에 팔 수 있어서 기뻤다. 그 돈으로 빚을 갚고 나면 마음의 자유를 얻게 될 것이다.

직원은 한 조각의 종이와 낡은 주전자에 평생 저축한 돈을 걸고 기회를 잡고자 했다. 그러나 직원은 자신의 투자가 알라딘 램프의 기적적인 성능을 뛰어넘어 금으로 흘러넘칠 것이란 꿈은 결코 꿀 수 없었다.

직원이 실제로 구매한 것은 아이디어였다. 낡은 주전자와 나무로 된 주걱, 종이에 적힌 비밀 메시지는 우연이었다. 낡은 주전자의 이상한 성능은 비밀 메시지와 의사가 알지 못하는 성분을 섞은 후에 발휘되기 시작했다.

이 이야기를 주의 깊게 읽고 상상력을 시험해 보자.

직원이 비밀 메시지에 덧붙여 주전자에서 금이 넘칠 수 있게 넣은 것이 무엇이었을지, 알아낼 수 있는지 확인해 보자. 읽으면서 이 이야기는 결코 아라비안나이트가 아니라는 점을 기억하자. 여기에는 허구 같은 사실, 아이디어의 형태로 시작된 사실적인 이야기가 감춰져 있다.

이 아이디어가 낳은 엄청난 부에 대해 살펴보자.

아이디어는 주전자의 내용물을 판매하는 사람들에게 막대한 부를 안겨주었다.

낡은 주전자는 세계에서 가장 많은 설탕을 소비하고 있다. 이는 사탕수수 재배, 설탕 정제 및 마케팅에 종사하는 사람들에게 영구적인 직업을 제공할 수 있게 했다. 또한 그 주전자는 매년 수백만 개의 유리병을 소비함으로써 유리작업자들에게 일자리를 제공하고 있다. 전국의 사무원, 속기사, 카피라이터, 광고 전문가들에게도 일자리를 제공하고 있다.

그뿐만 아니라 제품을 설명하며 멋진 그림을 그리는 수많은 예술가에게도 부와 명성을 가져다주었다. 게다가 남부의 작은 도시를 비즈니스 도시로 바꾸어 놓기도 했는데, 이제는 도시에 거주하는 모든 사람들에게까지 직간접적으로 혜택을 주고 있다.

이 아이디어로 인한 영향은 이제 전 세계 모든 국가에 이익을 가져다주고 있으며, 이 낡은 주전자를 다루는 모든 사람에게 지속적인 부를 안겨주고 있다.

주전자에서 흘러넘치는 금은 젊은이들이 성공에 필요한 교육을 받을 수 있도록 해주었고, 남부에서 가장 유명한 대학 중 하나를 설립하고 유지할 수 있게 해주기도 했다.

낡은 주전자는 다른 놀라운 일도 하고 있다.

전 세계의 불황 속에서 수많은 공장, 은행, 기업체들이 문을 닫거나 사업을 접고 있을 때, 이 마법에 걸린 낡은 주전자의 주인은 전 세계의 사람들에게 지속적인 고용을 창출하고 있으며, 오래전부터 그 아이디어를 믿고 있던 사람들에게 추가적인 부를 안겨주고 있다.

만약 그 오래된 놋쇠 주전자의 산물이 말을 할 수 있다면, 모든 언어로 스릴 넘치는 로맨스 이야기도 전해줄지 모른다. 즉 그것으로 인해 수많은 사랑의 로맨스, 사업의 로맨스, 매일 매일 전문 지식을 가진 남녀들의 연애가 이루어지고 있다.

나는 그 로맨스에 대해 하나쯤은 확실히 알고 있는데, 내가 그 로맨스의 경험자이기 때문이다. 이 모든 일은 약국 직원이 낡은 주전자를 구매했을 때 시작되었다.

내가 아내를 만나게 된 것은 그 주전자 때문이었고, 나에게 마법에 걸린 주전자 이야기를 처음 들려준 사람도 그녀였다. 그녀는 주전자 안에 들어 있는 제품을 좋든 싫든 간에 한번 마셔보라고 권했다.

이제, 마법에 걸린 주전자의 내용물이 세계적으로 유명한 음료라는 사실을 알게 되었을 것이다. 그래서 그 음료가 나에게 아내를 주었다고 이쯤에서 고백하는 것이 적절할 것 같다.

그 음료는 취하지 않고 나에게 생각의 자극을 줌으로써, 항상 최선을 다해야 한다는 마음의 상쾌함을 주는 역할도 하고 있다.

당신이 누구든, 어디에 살든, 어떤 직업에 종사하든, 미래에 '코카콜라'라는 단어를 볼 때마다, 그것의 막대한 부와 영향력이 단순한 아이디어에서 비롯되었다는 것을 기억하기를 바란다.

약국 직원인 에이서 캔들러의 비법과 혼합된 신비로운 성분이란…… 바로 상상력이었다!

잠시 멈춰서 생각해 보자

또한 이 책에 설명된 부에 이르는 12법칙은, 코카콜라의 영향력이 전 세계의 모든 도시, 마을에 확장된 매개체였다는 것을 기억해야 한다.

타는 갈증을 해소시켜 주는 코카콜라처럼, 건전하고 공신력 있는 아이디어가 있다면, 당신 역시 얼마든지 이런 기록을 또다시 세울 가능성을 가지고 있다. 진정으로 생각은 사물이며 그 운용 범위는 세상 그 자체이다.

의지가 있는 곳에
길이 있다

▶─────────────── 이 이야기는 '의지가 있는 곳에 길이 있다.'라는 옛말의 진실을 증명한다.

사랑하는 교육자이자 성직자인 프랭크 건솔로스Frank W. Gunsaulus 는 시카고 남부의 스톡 야드 지역에서 설교 생활을 시작한다.

건솔로스 박사는 대학을 다니는 동안, 우리 교육 시스템에서 많은 결함을 관찰할 수 있었다. 그러나 그 결함은 자신이 대학 총장이라면 얼마든지 고칠 수 있다고 믿었다. 그의 가장 깊은 소망은 젊은이들이 '행동을 통해 배우는' 것을 가르치는 교육기관의 책임자가 되는 것이었다.

그는 전통 교육방식에 의해 장애를 받지 않고 자신의 아이디어로 교육할 수 있는 새로운 대학을 설립하기로 마음먹었다. 그는 이 프로젝트를 진행하기 위해 백만 달러가 필요했다. 그렇게 많은 돈을 손에 넣을 수 있는 곳이 있을까?

매일 밤 그는 그런 생각을 가지고 잠자리에 들었고, 그 생각을 지닌 채 아침에 일어났다.

백만 달러는 많은 돈이었다. 그는 그 사실을 인식했지만, 자신의 마음에 한계를 정해 두는 것조차 문제가 있음을 깨닫게 되었다.

철학자이자 목사인 건솔로스 박사는 인생에서 성공한 모든 사람과 마찬가지로, 목표에 대한 정의는 반드시 출발점임을 알고 있었다. 또한 명확한 목표와 금전으로 변환시키려는 간절한 소망이 뒷받침될 때, 비로소 목표 달성을 할 수 있다는 믿음을 가지고 있었다.

하지만 어디서 어떻게 그 백만 달러를 손에 넣을지는 알지 못했다. 당연한 단계는 "아, 내 아이디어는 좋은 생각이지만, 필요한 백만 달러를 결코 조달할 수 없기에 아무것도 할 수 없구나."라며 모든 걸 포기하는 것이었다.

대부분의 사람은 그렇게 말했겠지만, 건솔로스 박사는 그렇게 말하지 않았다. 그가 한 말과 한 일이 너무나도 중요하기에 더 자세히 소개하고자 한다.

나는 어느 토요일 오후에 계획을 수행하기 위해 돈을 모금할 방법과 수단을 생각하면서 방에 앉아 있었다. 거의 2년 동안 생각을 해왔지만, 생각만 했지 아무것도 한 것이 없었다. 그러나 마침내 행동할 때가 왔다는 걸 깨달았!

나는 일주일 안에 필요한 백만 달러를 조달하기로 결심했다. 어떻게? 나는 그것에 대해 걱정하지 않았다. 가장 중요한 것은 시간을 정해 놓고 돈을 받기로 결정한 것이었고, 그렇게 마음먹은 순간, 이상하리만치 묘한 확신의 감정이 들었다. 내 안에서 무언가가 '왜 오래전에 그런 결정을 하지 못했는가? 돈은 항상 당신을 기다리고 있었는데!'라고 말하고 있었다.

일이 급박하게 돌아가기 시작했다. 나는 신문사에 전화를 걸어 '다음 날 아침에 백만 달러가 있으면 어떻게 할까.'라는 제목으로 설교할 것이라고 발표했다.

나는 설교를 위해 황급히 밖으로 나갔지만, 솔직히 말해 그 설교를 위해 거의 2년 동안 준비해 왔기 때문에 그다지 어렵지 않았다. 나의 일부인 내 영혼이여!

자정이 되기 전에 설교문 작성을 마칠 수 있었다. 이미 백만 달러를 소유하고 있는 나 자신을 볼 수 있었기에 자신감을 갖고 잠자리에 들어 푹 잘 수 있었다.

다음 날 아침 나는 일찍 일어나 화장실에 가서 설교문을 읽은 다음, 무릎을 꿇고 내 설교가 필요한 돈을 공급해 줄 누군가의 주의를 끌어 주기를 기도했다.

기도하는 동안 돈이 마련될 것이란 확신을 다시 느낄 수 있었다. 나는 너무 흥분한 나머지 설교문을 챙기지 않고 집을 나섰는데, 강단에 서서 설교하기 전까지도 그런 사실을 잊고 있었다. 설교문을 가지러 되돌아가기에는 너무 늦었고, 돌아갈 수 없는 것은 나에게 큰 축복이라고 여겼다!

하지만 나의 잠재의식은 내가 필요로 한 물질을 넘겨주었다. 설교를 위해 자리에서 일어나, 나는 눈을 감고 내 꿈에 대해 마음과 영혼을 담아 설교하기 시작했다. 청중들과 이야기했을 뿐만 아니라 하나님하고도 이야기를 나누었다.

나는 그 돈을 손에 넣는다면, 젊은이들이 실용적인 일을 배우고, 동시에 아이디어를 계발하는 훌륭한 교육기관을 설립하겠다는 계획을 설명했다.

내가 설교를 마치고 자리에 앉았을 때, 한 남자가 뒤쪽 세 줄 정도 떨어진 자리에서 천천히 일어나 강단을 향해 걸어왔다. 나는 그가 무엇을 하려는 것인지 궁금했다.

그는 강단으로 올라와 손을 내밀고 말하는 것이었다.

"당신의 설교가 너무 좋았습니다. 저는 당신에게 백만 달러가 있다면, 당신이 말한 모든 것을 할 수 있을 거라고 믿습니다. 제가 당신과 그 설교를 믿고 있음을 증명하기 위해, 내일 아침에 저희 사무실로 오시면 백만 달러를 드리겠습니다. 저의 이름은 필립 아모르입니다."

다음 날 아침, 젊은 건솔로스는 아모르 씨의 사무실로 갔고 그에게 백만 달러가 주어졌다. 그 돈으로 그는 아모르 공과대학을 설립했다.

그 금액은 대부분의 목사가 평생 벌 수 있는 것보다 더 많은 돈이었다. 하지만 이 돈에 대한 생각의 발상은 1분도 안 되는 찰나에 젊은 목사의 마음속에 만들어졌다. 백만 달러는 아이디어의 결과였고, 아이디어의 뒷면은 젊은 건솔로스가 2년 동안 마음속에 간직해 온 염원이었다.

이 중요한 사실을 잘 관찰해보자.

그는 원하는 것을 얻기 위해 마음으로 분명하게 결정을 내리고, 그것을 얻기 위해 구체적인 계획을 세운 후, 36시간 안에 돈을 마련할 수 있었다!

건솔로스가 백만 달러에 대해 막연하게 생각했다면 새롭거나 독특한 것은 없다. 그 이전의 다른 사람들도, 그 이후의 많은 사람도 그런 비슷한 생각을 했다.

하지만 그가 기억에 남을 토요일에 내린 결정은 매우 독특하고 다른 무언가가 있다. 그는 모호함을 뒤로하고 분명히 말했다.

"나는 일주일 안에 그 돈을 조달할 것이다!"

◆◇◆

성공은 설명이 필요하지 않고,
실패는 변명을 허용하지 않는다

▶──────────── 하나님은 원하는 것이 무엇인지, 명확히 알고 있는 사람을 돕는다.

젊은 건솔로스 박사가 백만 달러를 조달할 수 있었던 원리는 여전히 살아 있고, 당신 역시 사용할 수 있다. 이 보편적 법칙은 젊은 설교자가 성공적으로 사용했을 때와 마찬가지로 오늘날에도 실행이 가능하다.

약국 직원이었던 에이서 캔들러와 프랭크 건솔로스는 한 가지 공통점을 가지고 있다.

둘 다 분명한 목표와 구체적인 계획의 힘을 통해 아이디어를 돈으로 변환할 수 있다는 놀라운 진실을 알고 있었던 것이다.

당신이 노력과 정직만이 부를 가져올 거라고 믿는 사람들 중 하나라면 생각을 버려야 한다. 사실이 아니다. 엄청난 부는 결코 힘든 노동의 결과가 아니다. 부는 우연이나 행운이 아니라, 확실한 요구에 응답함으로써 온다.

일반적으로 아이디어란, 상상력에 호소하여 행동을 유도하는 사고의 발상이다.

모든 뛰어난 세일즈맨은 상품을 판매할 수 없는 곳에서 아이디어를 팔 수 있다는 사실을 알고 있다. 평범한 세일즈맨은 이를 모르기 때문에 평범한 것이다.

출판사는 많은 사람이 책의 내용은 무시하고 그냥 책을 산다는 것을 잘 알고 있다. 그리하여 움직이지 않는 책의 제목을 바꾸는 것만으로 그 책의 판매량이 백만 부 이상 뛰어오른 경우가 많다. 책 내용은 전혀 바뀌지 않았지만 판매되지 않은 제목이 붙어 있는 표지를 뜯어내고 새로운 제목을 붙여 표지를 바꾼 것이다.

간단해 보이지만 그것은 기발한 아이디어였다.

아이디어에 대한 정해진 가격은 없다. 아이디어의 창조자는 자신만의 가격을 책정하고 영리하다면 부를 얻는다.

영화 산업은 수많은 백만장자를 양산했다. 그들 대부분은 아이디어를 창출할 수 없었지만 다른 사람의 아이디어를 알아보는, 능력이 뛰어난 상상력의 소유자들이었다.

앤드루 카네기는 철강 제조에 관해 아무것도 몰랐다.

필자는 그 점에 대해 카네기가 한 말을 알고 있다. 하지만 그는 이 책에서 설명하는 원칙을 실제로 적용했고, 철강 사업은 그에게 큰 부를 가져다주었다.

사실상, 거대한 부에 관한 거의 모든 이야기는, 아이디어를 창조한 사람과 아이디어를 파는 사람이 모여 조화롭게 일하는 그날부터 시작된다.

카네기는 자신이 할 수 없는 모든 것을 할 수 있는 사람들로부터 둘러싸여 있었다. 아이디어를 창조하는 사람, 아이디어를 실행에 옮기고, 자신과 다른 사람을 엄청난 부자로 만드는 사람들이 에워 쌓고 있었던 것이다.

많은 사람이 혹시 모를 기회가 오기를 바라며 살아간다. 하지만 가장 안전한 계획은 운에 의존하지 않는 것이다.

내 인생에서 부로 완성되기까지 기회를 살리기 위해 25년간의 피나는 노력을 바쳐야 했다.

그러한 노력은 마침내 앤드루 카네기를 만나 협력을 얻어낸 행운으로 이어졌다. 그때 카네기는 자신의 성공 원칙을 성공 철학으로 정리하겠다는 구상을 나의 마음속에 심었다. 25년간의 연구를 통해 얻은 발견으로 수많은 사람이 이익을 얻었고, 그 철학을 적용하여 부를 쌓을 수 있었다.

실망과 낙담, 일시적인 패배, 비판 등 끊임없이 시간 낭비를 연상시키는 일에서 살아남은 것은 평범한 야망으로는 어려운 일이었다. 그것은 오직 간절한 소망이었다.

카네기가 제시한 아이디어가 처음 내 마음에 심어졌을 때, 카네기는 그 아이디어를 살리기 위해 나를 구슬리고 유혹했다. 점차 그 아이디어는 그 자체의 힘으로 거인이 되어 갔는데, 아이디어는 바로 그런 것이다.

당신이 아이디어에 생명과 행동 지침을 제공하면, 아이디어는 스스로 힘을 발휘해 모든 반대를 휩쓸어버릴 것이다.

아이디어는 자신을 생성하는 뇌가 먼지로 돌아간 후에도 살아남는 힘이 있다. 그리고 아이디어는 행진을 계속하고 있다. 그것은 언젠가는 자라서 가장 강렬한 야망을 충족시킬 것이다.

아이디어는 불과 인류가 여명에 눈 뜬 2천 년 동안 발전해 왔을 뿐이다.

잠시 눈을 감고 심호흡을 한 후, 마음을 가다듬고 다음의 각 질문에 자신의 답변을 적어보시기 바랍니다.

◆ 자신의 상상력과 창의력은 몇 퍼센트 정도 발휘되고 있다고 생각이 드는가?

◆ 상상력과 창의력을 더 발휘하지 못하게 발목 잡는 것들이 있다면 어떤 것인가?

◆ 만일 자신의 상상력과 창의력을 120% 발휘한다면 어떤 것이 가능할까?

◆ 자신의 상상력과 창의력 계발을 위한 방안 10가지가 있다면 어떤 것인가?

◆ 그중 무엇부터 실행할 것인가?

제6법칙

❖

구체적인 계획을
세워야 한다

| 부자가 되기 위한 생각 |

◆ 성공을 위해서는 결점이 없는 계획을 세워야 한다.

◆ 상상력, 원초적 능력, 교육, 경험의 이점을 가지고 있어야 한다.

◆ 다른 사람의 협력 없이 큰 부를 이룰 수 없다.

◆ 포기한 자는 절대 이기지 못하고 승자는 절대 포기하지 않는다.

◆ 모든 사람은 자신에 대한 이미지 판매원이 되어야 한다.

◆ 효과적인 이미지 마케팅은 QUALITY(품질), QUANTITY(수량),
  SERVICE(서비스 정신)이 완벽해야 한다.

일시적인 패배가
영구적 실패는 아니다

▶─────── 이제까지 인간이 창조하거나 획득한
모든 것이 야망의 형태로 시작된다는 것을 강조해 왔다.

제1장에서는 돈에 대한 욕구를 금전적으로 전환하는 첫 번째 조치
로, 6가지의 명확하고 실용적인 원칙을 밟도록 지시받았을 것이다.
이러한 원칙 중 하나는 그 전환이 이루어질 수 있도록 구체적 계획을
작성하는 것이다.

이제 실제적인 계획을 세우는 방법을 설명하려고 한다.

첫째, 당신이 창조하고 당신의 계획을 수행하는 데 필요한 만큼 많은
사람과 동맹을 맺는 것이다. 또는 협력자들의 힘을 빌려 계획을 세워야
한다. (이 지침을 반드시 준수해야 한다. 소홀히 해서는 안 된다.)

둘째, 협력자들을 만나기 전에, 그들에게 협력의 대가로 어떤 이점이나 혜택을 제공하라. 어떤 형태든 보상 없이는 누구도 무한정 일을 하지 않을 것이다. 똑똑한 사람은 적절한 보상 없이 다른 사람에게 일을 요구하거나 기대하지 않을 것이다. 비록 항상 돈의 형태는 아닐지라도 말이다.

셋째, 당신의 협력자들과 적어도 일주일에 두 번, 그리고 가능한 한 더 자주 만나서 필요한 계획이나 자금축적 계획을 공동으로 완성할 때까지 준비해야 한다.

넷째, 자신과 협력자들 간에 완벽한 조화를 유지해야 한다. 협력자들과 완벽한 조화가 이루어지지 않으면 실패할 수 있다.
다음 사실을 기억하라.

1) 당신은 당신에게 매우 중요한 일을 하고 있다. 성공을 위해서는 결점이 없는 계획을 세워야 한다.
2) 상상력, 능력, 교육, 경험의 이점을 가지고 있어야 한다. 이것은 큰 부를 축적한 모든 사람이 따르는 방법과 조화다.

어떤 사람도 다른 사람의 협력 없이 큰 부의 축적을 보장할 수 있는 충분한 경험과 교육, 능력, 지식을 가지고 있지 않다. 부를 쌓기 위한 모든 계획은, 당신과 협력자들이 공동 창조해야 한다. 당신이 자신의 계획 전부 또는 일부를 세울 수는 있지만, 그 계획들은 당신의 협력자들이 확인하고 승인하는지 점검해야 한다.

채택한 첫 번째 계획이 성공적으로 작동하지 않으면 새로운 계획으로 교체하고, 이 새로운 계획이 작동하지 않으면 작동하는 계획을 찾을 때까지 다시 다른 계획으로 교체한다. 바로 여기서 대부분의 사람이 실패와 만나는 지점이다.

지혜로운 사람은 실제적이고 실행 가능한 계획을 세운 사람이다. 그렇지 않으면 부를 축적하는 데 성공할 수 없으며 어떤 사업에서도 성공할 수 없다.

이런 사실을 기억하고, 계획이 실패했을 때 일시적인 패배가 영구적 실패는 아니라는 점을 기억하라. 단지 실패는 당신의 계획이 철저하지 않았음을 의미할 뿐이다.

다른 계획을 세워라.

다시 시작하라.

◆◇◆

승자는 절대 포기하지 않고
포기한 자는 절대 이기지 못한다

▶━━━━━━━━━ 토머스 에디슨은 백열전구를 완성하기까지 1만 번이나 실패했다. 즉, 그가 성공하기 전까지 일시적인 1만 번의 패배를 경험했다.

일시적인 패배는 오직 한 가지, 당신의 계획에 문제가 있다는 확실한 인식을 의미한다. 수많은 사람이 부를 축적할 수 있는 구체적인 계획이 없기 때문에 비참하고 가난한 삶을 살아간다.

헨리 포드는 우월한 지위 때문이 아니라 구체적인 계획을 세우고 실행했기 때문에 부를 축적할 수 있었다. 포드보다 나은 교육을 받은 사람을 천 명은 지적할 수 있지만, 그들은 부를 축적하기 위한 구체적인 계획을 세우지 않았기 때문에 가난하게 살았다.

제인스 힐은 처음으로 동서양을 연결하는 철도 건설을 위해, 필요한 자본을 조달하려고 했을 때 일시적인 패배를 겪었다. 하지만 그 역시 새로운 계획을 통해 패배를 승리로 바꿨다.

헨리 포드는 자동차 비즈니스를 시작했을 때뿐만 아니라, 정상에 올라간 후에도 일시적인 패배를 만나고는 했다. 하지만 그는 다시 새로운 계획을 세우고 재정적 승리를 향해 나아갔다.

우리는 큰 부를 쌓은 사람들을 알고 있지만, 종종 그들이 부를 쌓기까지 극복해야 했던 일시적인 패배를 간과하면서 업적만을 바라본다.

일시적인 패배를 경험하지 않고는 부를 축적하기 어렵다. 패배가 오면 계획이 타당하지 않다는 신호로 받아들이고, 그 계획을 재구축하고, 당신이 탐내는 목표를 향해 다시 한번 항해를 시작해야 한다. 목표에 도달하기 전에 포기한다면 실패한 자이다.

승자는 절대 포기하지 않고 포기한 자는 절대 이기지 못한다.

이 문장을 꺼내 종이에 커다랗게 적어 매일 잠들기 전과, 매일 아침 일하러 가기 전에 볼 수 있는 곳에 놓아두자.

협력자들을 선택하기 시작할 때도, 일시적인 패배를 심각하게 받아들이지 않는 사람을 선택하도록 노력해야 한다. 어떤 사람은 돈만

이 돈을 벌 수 있다고 어리석게 믿는다. 하지만 그것은 사실이 아니다!

여기에 제시한 원칙을 통해, 금전적 등가물로 변환된 야망은 돈을 만드는 기관이다. 돈은 움직이거나 생각하거나 말할 수는 없다. 하지만 그것을 간절히 원하는 사람은 손에 쥘 수 있다.

유능한 리더가
되기 위한 요소

▶─────────── 이 장의 나머지 부분은 이미지 마케팅
을 하는 방법에 대해 설명하고 있다. 여기서 전달하는 정보는 시장에
모든 형태의 이미지 마케팅을 하는 사람에게 실질적인 도움이 될 것이
며, 또한 사업을 하며 부자가 되기를 갈망하는 사람들에게도 해당
될 것이다.

여기서는 이미지 마케팅을 하여 부를 이루어야 하는 사람들을 위
한 자세한 지침을 찾을 수 있을 것이다.

사실 모든 부는 이미지 마케팅에서 시작되었거나, 아이디어 판매
에서 비롯되었다는 사실을 알게 되면 용기가 생길 것이다. 아이디어
와 이미지 마케팅이 아닌 다른 방법으로, 부를 거머쥔 사람이 얼마나
될까.

일반적으로 세상에는 두 가지 유형의 사람들이 있다.

한 유형은 리더이고, 다른 유형은 따르는 사람이다.

당신은 리더(일반적으로 회사의 오너)가 될 것인지 아니면 따르는 사람(일반적으로 회사의 직원)이 될 것인지 처음부터 결정해야 한다. 그 보상의 차이는 엄청나다.

사람들은 보통 높은 급료를 기대하는 실수를 저지르지만, 합리적으로 봤을 때 리더가 받을 수 있는 보수를 기대하기는 어렵다. 그러나 직원이 되는 것이 수치스러운 일은 아니며 명예스러운 일도 아니다.

대부분 리더는 직원으로 시작했지만 끊임없는 노력과 창의력으로 훌륭한 리더가 될 수 있었다.

몇 가지 예외를 제외하고는 현명하게 리더를 따를 수 없는 사람은 유능한 리더가 될 수 없다. 리더를 흠모하며 현명하게 따르는 사람은 일반적으로 빠르게 리더로 발전한다. 다음은 유능한 리더가 되기 위한 요소이다.

1. 흔들리지 않는 용기

어떤 사람도 자신감과 용기가 부족한 리더의 통솔을 원하지 않는다. 지적인 사람은 그런 사람의 지휘를 받지 않을 것이다

2. 자기 통제력

자신을 통제할 수 없는 사람은 절대 다른 사람을 통제할 수 없다. 자제력은 부하들에게 강력한 본보기가 된다.

3. 강한 정의감

공정성과 정의감 없이는 어떤 리더도 부하들에게 존경을 받을 수 없다.

4. 단호한 결정력

자신의 결정에 흔들리는 사람은 스스로 자신에 대해 확신이 없다는 것을 말하는 것이다. 이런 사람은 다른 사람을 성공적으로 이끌어 갈 수 없다.

5. 구체적인 계획

성공적인 리더는 자신의 일을 계획하고 그 계획을 실행한다. 실제적이고 구체적인 계획 없이 추측으로 움직이는 리더는 방향타가 없는 배와 같다. 조만간 그는 암초에 좌초될 것이다.

6. 급료보다 더 일하는 습관

리더십의 책임 중 하나는, 리더는 부하들에게 요구하는 것보다 더 많은 일을 하려는 의지가 있어야 한다는 것이다.

7. 쾌활한 성격

우울하고 부주의한 사람은 성공적인 리더가 될 수 없다. 리더는 항상 솔선수범하며 낙천적인 성격이어야 한다.

8. 공감과 소통

성공적인 리더는 부하들과 공감할 수 있어야 한다. 게다가 그들과 그들이 가진 문제도 이해할 수 있어야 한다.

9. 자세한 내용을 알아야 한다

성공적인 리더십은 리더의 위치에 대해 세부적인 사항을 알고 있어야 한다.

10. 전적인 책임 의지

성공적인 리더는 부하들의 실수와 단점에 대해 기꺼이 책임을 져야 한다. 책임을 전가하려고 하면 그는 리더로 남지 못할 것이다. 부하들 중 한 명이 실수를 범하면, 리더는 실패한 사람이 자신이라고 생각해야 한다.

11. 협력

성공적인 리더는 협력의 원칙을 이해하고 적용해야 하며, 부하들도 그렇게 하도록 이끈다.

◆ ◇ ◆

이제는 서로
협력의 관계이다

━━━━━━━━ 리더십에는 두 가지 형태가 있다.

첫 번째이자 가장 효과적인 것은 따르는 사람들의 존경과 이해에 의한 리더십이다.

두 번째는 따르는 사람들의 동의와 이해가 없는, 힘에 의한 리더십이다.

역사적으로 보아 힘에 의한 리더십이 제 기능을 하기 어렵다는 증거로 가득 차 있다. 독재자나 전제군주의 소멸과 몰락은 매우 의미가 크다. 이는 사람들이 강제적인 리더십을 무한정 따르지 않는다는 것을 의미한다.

따라서 이 시대에는 새로운 리더십(협력)에 대한 이해도를 높이거나 그 자리에서 내려와야 한다. 다른 방법은 없다.

고용주와 직원 또는 리더와 추종자와의 관계는, 미래에 사업 이익의 공평한 분배를 기반으로 하는 상호 협력의 관계가 될 것이다. 미래에는 고용주와 직원의 관계가 과거보다는 훨씬 동반자 관계에 더 가까울 것이다.

나폴레옹, 카이저 빌헬름, 러시아 황제, 스페인 왕이 힘에 의한 리더십의 본보기였다. 이제 그들의 리더십은 지나갔다.

리더십이란 그를 따르는 사람들의 협력과 동의에 의해서만 유지될 수 있는 유일한 브랜드다!

일시적으로는 강압적인 리더를 따를 수 있지만, 어디까지나 한시적일 뿐이다.

세상은 새로운 리더십의 재목을 찾아내야 할 시점이다. 이 필요성은 당신에게 기회가 될 수도 있다!

리더가 실패하는
10가지 주요 원인

▶──────────────── 이제 우리는 실패한 리더의 주요 원인
을 짚어보며 무엇을 해야 하는지, 또는 하지 말아야 할지를 알아야 할
것이다.

1. 세부사항 숙지 부족

효율적인 리더십은 세부사항을 체계화하고 숙달하는 능력을 요구
한다. 진정한 리더는 꼭 필요한 일을 하더라도 일에 쫓기지 말아야 한
다. 리더이든 부하이든 '너무 바쁘다.'라고 말하는 것은 그 일에 쫓긴
다는 것을 인정하는 것이다.

성공적인 리더는 자신의 지위와 관련된 모든 세부사항을 숙지해야
한다. 이는 당연하게도 유능한 부하에게 세부사항을 위임하는 습관
도 지녀야 한다는 것을 의미한다.

2. 서비스 제공을 꺼리는 사람

진정으로 유능한 리더는, 솔선수범하는 사람이다. "너희 중에서 가장 위대한 사람은 모든 사람의 종이 되리라."라는 말은 모든 유능한 지도자들이 배워야 할 덕목이다.

3. 지식만을 내세우는 것

세상은 지식만을 내세우는 사람들에게 그 어떤 대가도 지불하지 않는다. 그 대신 그 지식에 따라 남을 행동하도록 하게 할 때 대가가 주어지는 것이다.

4. 부하들의 도전에 대한 두려움

부하 중 한 명이 자신의 위치를 차지할지 몰라 두려워하는 리더는, 조만간 사실상 그 두려움을 깨닫게 될 것이다. 유능한 리더는 자신의 직책을 언제든 위임할 수 있어야 한다. 그래야만 리더가 자신의 역량을 발전시키고 동시에 여러 가지 일에 주의를 기울일 수 있다. 사람들이 자신의 노력으로 얻을 수 있는 것보다, 다른 사람의 능력을 발휘할 수 있도록 하는 능력에, 더 많은 보수를 지불하는 것은 영원한 진리이다. 유능한 리더는 자신의 일에 대한 지식을 통해 다른 사람들의 효율성을 크게 높인다.

5. 상상력 부족

상상력이 없는 리더는 위급 시에 대처하기 어렵고 부하들을 효율적으로 이끌 계획을 세울 수 없다.

6. 이기심

부하들의 업적에 대해 자신의 공이라고 주장하는 리더는 반드시 원한을 사기 마련이다. 진정으로 유능한 리더는 영예도 없고 공도 없다고 말한다. 왜냐하면 대부분 사람이 돈을 위해서라기보다는 칭찬과 인정을 받기 위해 더 열심히 일한다는 사실을 알고 있기 때문이다.

7. 무절제

부하들은 무절제한 리더를 존경하지 않는다.

8. 불성실

아마도 이것이 목록의 선두에 있어야 했을 것이다. 자기 위에 있는 사람과 아래에 있는 사람들에게 성실하지 않은 리더는 리더십을 오래 유지할 수 없다. 불성실함은 실패의 주요 원인 중 하나이다.

9. 권위의 강조

유능한 리더는 부하로 대하지 않고 협력자로 대하며 이끈다. 진정한 리더라면, 자신의 직책이 부하들의 이해와 존중에 기반했다는 사실을 인지하고 겸손하게 행동해야 한다는 사실 말고는, 리더라는 사실을 광고하며 다닐 필요가 없다.

10. 직위의 강조

유능한 리더는 부하의 마음을 사기 위해 직위를 남용하지 않는다. 자신의 직위를 많이 내세우는 리더는 일반적으로 본받을 것이 거의 없다. 진정한 리더의 사무실 문은 모든 사람에게 열려 있으며, 그의 근무 공간에는 그 어떤 위엄이나 과시도 없다.

이들은 리더십 실패의 극히 일반적인 원인들이다. 이 결함들은 하나만이어도 실패를 유발하기에 충분하다. 진정 리더십을 원한다면 각 사항을 주의 깊게 읽어보고 다시 한번 확인해야 한다.

원하는 직업을
얻는 방법

▶─────────── 모두가 자신에게 가장 적합한 일을 하는 것을 좋아한다. 예술가는 물감으로 칠하는 작업을 좋아하고, 장인은 손으로 작업하는 것을 좋아하고, 작가는 글 쓰는 작업을 좋아한다. 재능이 확실하지 않은 사람들은 특정 비즈니스 및 산업 분야에 관해 선호하고 있다.

좀 더 효과적으로 자신에게 적합한 직업을 갖고자 한다면 다음 사항을 적용해보면 좋을 것이다.

첫째, 원하는 직업의 종류를 명확히 결정하라. 아직 결정하지 못했다면 그것을 결정해야 한다.

둘째, 일할 회사를 선택하라.

셋째, 회사의 정책이나 인력 및 승진 기회에 대해 잠재 고용주에 대해 연구하라.

넷째, 자신의 재능 및 능력을 분석하여 그 회사에 제공할 수 있는 것을 파악하고, 성공적으로 아이디어를 제공할 방법과 수단을 계획하라.

다섯째, 직책이나 승진에 관한 것은 잊어버려라. 다만 회사에 줄 수 있는 것에 초점을 맞춰라.

여섯째, 나를 알릴 계획이 섰다면 그 방법을 종이에 깔끔한 형태로 자세하게 정리하라.

당신이 종이에 정리한 것을 회사에 제출하면 어떤 회사든 자신의 회사에 이익을 가져다줄 인재를 찾고 있으므로 인사 담당자는 진지하게 검토할 것이다.

이 절차는 며칠 또는 몇 주의 시간이 소요될 수 있다. 하지만 급여, 승진 및 인정을 받는 것에 있어, 적은 급여로 수년간 해야 하는 노력을 크게 절감시켜 줄 것이다. 그리고 이것은 많은 장점이 있다. 가장 중요한 것은 당신이 세운 목표에 도달하는 데 걸리는 시간을 적어도 5년 이상 단축할 수 있다는 점이다.

CEO의 아들이 아니라면, 모든 사람은 이렇게 신중하게 계획을 세워서 실행해야 한다.

모든 사람은 자신에 대해
이미지 판매원이 되어야 한다

▶──────────── 장차 최대의 이익을 얻기 위해 서비스를 판매하는 사람은 고용주와 직원 간의 관계에 발생한 엄청난 변화를 인식할 수 있어야 한다.

이제 고용주와 직원 간의 관계는 다음 세 사람으로 구성된 파트너십의 성격에 더 가깝다.

1. 고용주
2. 직원
3. 그들이 서비스를 제공하는 손님

이제 고용주와 직원은 손님에 대한 서비스를 효율적으로 수행하는 동료로 간주된다. 과거에는 고용주나 직원이 손님에게 물건을 싸게

팔며 이익을 취했다. 하지만 돌이켜 볼 때 실제로는 제삼자(손님)를 희생시키면서 거래를 해왔다는 사실이 고려되지 않았다.

일반적으로 할인판매를 할 때 손님에 대한 서비스는 무시되는 경향이 있다. 하지만 오늘날 각 기업은 손님에 대한 서비스 마케팅을 최우선으로 두고 있으며 직원들도 그에 순응하여 최선의 서비스를 다 하고 있다.

이제 미래의 진정한 고용주는 손님이 될 것이다. 이는 자신에 대한 이미지 마케팅을 효과적으로 하려는 모든 사람이 가장 염두에 두어야 할 사항이다.

불황에는 원인이 있었고, 원인 없이는 아무 일도 일어나지 않는다. 요컨대 씨앗은 뿌리지 않고 수확하려고 한 잘못된 습관에서 비롯되었다. 다만 씨앗을 아예 뿌리지 않은 것으로 오해해서는 안 된다. 문제는 세상이 잘못된 종류의 씨앗을 뿌렸다는 것이다.

어떤 농부도 엉겅퀴 씨를 뿌려서는 곡식을 거둘 수 없다는 것을 알고 있다.

세계대전이 발발하자 세상 사람들은 질과 양 모두에서 부적절한 씨앗을 뿌리기 시작했다. 거의 모든 사람들이 베풀지 않고 얻으려고만 했던 것이다.

서비스 판매의 성공 원인은 명확하다. 이러한 성공의 원인을 연구하고 분석하고 이해한 뒤, 적용하지 않는 한 누구도 자신의 서비스를 효과적으로 판매할 수 없다.

이제 세상 모든 사람은 자신에 대한 이미지 판매원이 되어야 한다.

당신이 제공하는 서비스의 질과 양, 정신은 고용 기간, 금액 등의 정도를 결정한다. 이미지 마케팅을 효과적으로 하려면 '품질, 수량, 정신'의 공식을 채택하고 따라야 한다.

이는 QUALITY(품질), QUANTITY(수량), SERVICE(협동 정신과 서비스 정신)가 완벽해야 한다는 걸 의미한다. 이 'QQS' 공식을 기억하고 더 많이 적용해야 한다.

공식을 분석하여 의미하는 바를 명확히 이해하자.

1. 서비스의 품질은 당신의 직책이나 지위에 따라서 가능한 한 가장 효율적인 방식으로, 세부적인 사항을 수행하되 효율성을 목표로 해야 한다.

2. 서비스의 양은 경험을 통해 더 많은 기술을 개발하고, 할 수 있는 한 모든 서비스를 제공하는 습관을 들여야 한다는 것을 의미한다. 여기서 습관이라는 단어가 중요하다.

3. 서비스 정신은 직원이나 동료의 협력을 끌어내기 위해, 항상 친절하고 조화롭게 행동하는 습관을 의미한다.

제공하는 서비스의 품질과 수량이 적절하다고 해도, 서비스 정신이 부족하면 완전하다고 할 수 없다. 서비스를 제공하는 행위나 정신은, 당신이 받는 금액이나 고용 기간과 깊은 관련이 있기 때문이다.

앤드루 카네기는 서비스 판매를 성공으로 연결하는 요인에 대해 특히 조화로운 협동 정신과 서비스 정신의 필요성을 거듭 강조했다. 아무리 양이나 질이 좋아도 조화로운 협동 정신이나 투철한 서비스 정신이 없다면 그 어떤 사람도 같이 일할 수 없다는 것이었다.

그는 자신의 기준에 부합하는 많은 사람을 큰 부자로 만들어 주었다. 부합하지 못하는 사람들은 다른 사람을 위해 자리를 비워야 했다.

30가지
주요 실패 원인

▶───────────── 열심히 노력했지만 실패하는 것은 인
생에서 큰 비극이다.

　나는 수많은 사람을 연구 분석하는 특권을 누렸는데, 그중 98%는
실패로 분류되는 사람들이었다. 이 책은 세상의 옳고 그름에 대해 도
덕적으로 설명하려고 쓴 것이 아니다. 그렇게 하려면 이 책보다 백 배
는 더 두꺼운 책이 필요할 것이다.

　나는 연구를 통해, 실패에는 30가지의 주요 원인이 있고, 부를 축적
하는 데에도 12가지 주요 법칙이 있음을 확인할 수 있었다. 이제 여기
서 실패의 30가지 주요 원인에 관해 설명하려고 한다. 목록을 살펴보
면서 실패의 원인 중 얼마나 많은 것들이 당신의 성공을 가로막고 있
는지 점검해 보기를 바란다.

1. 불리한 유전적 배경

정신적인 결함을 가지고 태어나는 사람이 있다. 하지만 이는 주위 협력자들의 도움을 통해 약점을 보완할 수 있다. 이는 여기에서 제시하는 30가지의 실패 원인 중, 한 개인이 자기 힘으로는 개선하기 어려운 유일한 원인이다.

2. 명확한 목표의 결여

명확한 목표가 없는 사람에게는 성공할 가능성이 없다. 내가 분석한 100명 중 98명에게는 그러한 목표가 없었다. 아마도 이것이 실패의 주요 원인이었을 것이다.

3. 야망의 결여

성공에 대한 관심이 없고 그에 따른 대가조차 치르려 하지 않는 사람에게는 그 누구도 도움을 주지 않는다.

4. 불충분한 교육

이것은 비교적 간단하게 해결할 수 있는 핸디캡이다. 경험에 따르면 최고의 교육을 받은 사람은 종종 독학으로 부족한 부분을 계속해서 공부하며 보완하는 사람들이다. 교육자가 되려면 대학 학위 이상이 필요하다. 그리고 교육은 지식의 양이 아니라 효과적이고 지속적으로 활용할 수 있는 지식으로 구성되어 있어야 한다. 교육은 자신이 알고 있는 것뿐 아니라, 그 지식을 어떻게 활용할 수 있느냐 하는 것이다.

5. 절제 부족

절제는 자기 통제에서 비롯된다. 먼저 자신을 제어하지 못하는 성격을 개선해야 한다. 그리고 타인을 통제하기 위해서는 먼저 자신을 제어할 줄 알아야 한다. 자기 통제는 가장 어려운 일이다. 그러나 자신을 정복하지 못하면 그 어떤 일도 해낼 수 없다.

6. 질병

건강 없이는 그 누구도 뛰어난 성공을 거둘 수 없다. 질병의 주요 원인은 자기 관리가 부족한 탓이다.

주요 내용은 다음과 같다.

- 폭음과 폭식
- 부정적인 사고방식과 습관
- 성에 관한 그릇된 지식과 과도한 탐닉
- 적절한 운동 부족
- 좋지 않은 호흡으로 인한 신선한 공기의 결여

7. 어린 시절의 좋지 않은 환경적 영향

'될성부른 나무는 떡잎부터 알아본다.'라는 격언처럼, 어린 시절 좋지 않은 환경이나 사람과의 관계에서 자란 경우 성장해서 범죄를 저지를 확률이 높다.

8. 미루는 습관

이것은 가장 일반적인 실패 원인 중 하나이다. 미루는 습관은 어떤 사람에게나 잠재해 있는 것으로 성공의 기회를 놓치기 쉽다. 인생에서 실패하는 것은 시기만 기다리고 있기 때문이다. 아무리 기다려도 시기는 오지 않는다. 지금 당장 시작하라. 기회가 찾아들 것이다.

9. 끈기 부족

우리 대부분은 출발은 좋지만, 끝이 좋지 않다. 게다가 사람들은 패배가 찾아들면 쉽게 포기하는 경향이 있다. 끈기를 대신할 수 있는 것은 없다. 인내를 덕목으로 삼는 사람은 마침내 가난에서 벗어나 부를 거머쥔다.

10. 배타적인 성격

배타적인 성격으로 사람을 밀어내는 사람에게는 성공할 가망이 없다. 성공은 융화와 화합을 통해 이루어진다.

11. 성욕의 통제

성 충동은 모든 충동 중에서 가장 강력하다. 가장 강력한 감정이기 때문에 절제와 통제를 해야 한다.

12. 도박

도박은 수많은 사람을 실패의 나락으로 이끈다. 이에 대한 증거는 수많은 사람이 주식이나 도박으로 돈을 벌려고 했던 월가의 대폭락에서 찾아볼 수 있다.

13. 결단력 부족

성공한 사람은 재빠르게 결정하고 여간해서 그 결정을 변경하지 않는다. 사업에서 실패하고 결정을 미루는 사람은 변덕도 심해 결정을 번복한다. 우유부단함과 미루는 습관은 쌍둥이 악마와 같아서 어느 한쪽이라도 발견되면 다른 한쪽도 품게 마련이다. 이 쌍둥이 악마에 사로잡히기 전에 빨리 쫓아버려야 한다.

14. 여섯 가지 공포

가난, 비판, 질병, 실연, 늙음, 죽음 등에 대해서는 이후 장에서도 다룰 것이다. 이를 극복하지 못하면 실패하기 마련이다.

15. 배우자의 잘못된 선택

이것 역시 가장 일반적인 실패의 원인이다. 결혼 관계가 조화롭지 않으면 양쪽 모두가 실패할 가능성이 있다. 이는 비참함과 불행의 한 형태가 되어 야망의 모든 의욕을 꺾게 될 것이다.

16. 소심함

모험을 시도하지 않는 사람은 일반적으로 다른 사람이 선택한 후 그것을 따르는 경향이 있다. 지나친 조심성과 소심함은 기회를 앗아가고 만다.

17. 잘못된 동료 선택

사업 실패의 가장 일반적인 원인 중 하나이다. 자신의 능력을 최대한 발휘해 사업에 성공하려면 영감을 받을 수 있고, 의욕과 자신감이 넘치는 동료를 선택해야 한다.

18. 미신과 편견

미신은 공포의 발로이며 무지의 증명이다. 성공한 사람들은 열린 마음을 유지하며 그 무엇도 두려워하지 않는다.

19. 잘못된 직업 선택

그 어떤 사람이라도 자신이 좋아하지 않는 일에 성공할 수 없다. 성공하기 위해서는 오로지 자신을 내던져 전심전력으로 질주해야 한다.

20. 집중력 부족

만능으로 잘한다는 것은 무엇 하나라도 제대로 하지 못한다는 의미이다. 하나의 확실한 목표에 집중하여 모든 노력을 기울여야 한다.

21. 낭비

낭비하는 습관으로는 성공할 수 없다. 낭비는 가난의 지름길이다. 소득에서 일정 비율을 떼어 저축하는 습관을 길러야 한다. 은행에 저축한 돈은 사업을 시작할 때 심리적으로 안전판 역할을 해준다. 돈이 없으면 상대방이 제시하는 불리한 조건마다 꼬리를 흔들며 받아들여야 한다.

22. 열의 부족

열정이 없으면 성공도 없다. 게다가 열정은 전염성이 있어서 열정을 지닌 사람은 일반적으로 모든 사람으로부터 환영받는다.

23. 편협함

어떤 주제에 대해 닫힌 마음을 가진 사람은 앞서 나가지 못한다. 마음이 닫혔다는 말은 결국 지식욕이 없다는 걸 의미한다. 가장 해로운 형태의 편협함은 종교적, 인종적, 정치적 견해 차이에서 오는 좁은 마음이다.

24. 무절제

무절제는 폭음, 폭식, 과도한 성행위와 관련이 있다. 이것들 중 어느 하나라도 지나치면 성공에 치명적인 약점이 된다.

25. 협동 정신의 결여

협동 정신의 결여는 그 지위를 잃거나 기회를 놓치기 쉽다. 유능한 사업가나 리더라면 용납할 수 없는 결함이다.

26. 노력 없이 얻은 재산이나 권력

재산이나 권력은 스스로 노력하여 손에 넣은 것이 아니라면 때때로 파멸을 초래할 수 있다. 쉽게 얻은 부는 오히려 빈곤보다 더 위험하다.

27. 거짓말

거짓말하는 사람에게 기댈 것은 아무것도 없다. 언젠가는 그 거짓으로 인해 명성을 잃고 심지어 자유를 잃게 될 수도 있다. 정직만이 최선이다.

28. 이기주의와 허영심

이기주의와 허영심은 다른 사람들에게 가까이하지 말라고 경고하는, 빨간불 역할을 하며 머지않아 외면당한다.

29. 억측에 의한 판단

대부분 사람이 정확히 판단하기 위해 사실을 수집하려는 노력을 게을리한다. 그러한 사람들은 오직 억측이나 이기적인 판단으로 결국은 스스로 포로가 되어 자신을 옴짝달싹 못 하게 한다.

30. 자금 부족

이는 처음 사업을 시작하는 사람들의 실패하는 공통적인 원인이다. 이는 일시적인 패배에 대한 그 충격을 감당할 수 없게 되어 결국 좌초하는 경우가 많다.

◆ ◇ ◆

너 자신을 알라

▶────────────── 앞에서 얼거한 30가지 목록에 포함되지 않은, 자신이 겪은 다른 실패의 원인도 적어보라.

이 30가지 중에서 열심히 노력했는데도 실패로 끝난 사람들의 또 다른 원인을 찾아볼 수 있을 것이다.

일단 당신의 둘도 없는 친구와 함께 이 목록을 검토해보고, 실패의 원인을 분석한다면 도움이 될 것이다. 물론 스스로 체크해봐도 도움이 될 것이다. 하지만 대부분 사람은 제삼자가 관찰하는 것처럼 자신을 보기 어렵다.

가장 오래된 훈계는 '너 자신을 알라!'이다.

예를 들어 어떤 상품을 성공적으로 판매하려면 그 상품을 잘 알아야 한다. 마찬가지로 자신의 재능을 파악할 때도 마찬가지다. 당신의 결점을 파악하고 그를 보완하거나 개선해야 한다. 또한 자신의 강점이나 장점을 명확히 알고 분석해야만 한다.

자신의 가치를 파악하지 못한 채 한 유명한 회사에 지원한 청년의 예가 있다.

경영주가 예상 급여를 물을 때까지는 매우 좋은 인상을 남겼다. 청년은 그저 입사하려는 마음만으로 '특별히 생각한 보수는 없습니다.'라고 대답했다. 그러자 경영주는 '당신이 일주일 동안 일하는 것을 본 후에 능력에 따라 보수를 정하겠다.'라고 했다. 그러자 그 청년이 말했다.

"말씀하신 대로는 근무할 수가 없습니다. 지금 일하고 있는 곳에서는 더 많이 받고 있거든요."

현재의 직위에서 급여 조정을 위한 협상을 시작하거나, 다른 곳에서 일자리를 구하기 전에, 당신이 지금 받고 있는 보수보다 더 가치 있는 일을 하고 있는지 확인해야 한다.

더 많은 돈을 받고 싶어 하는 것은 모든 사람이 똑같지만, 자신이 보수를 받는 것보다 더 가치 있는지는 완전히 별개의 문제다.

많은 사람이 자신의 욕구를 정당한 권리라고 착각한다. 그러나 자기 자신의 가치와 돈에 대한 욕구는 아무런 관계가 없다.

잠시 눈을 감고 심호흡을 한 후, 마음을 가다듬고 다음의 각 질문에 자신의 답변을 적어보시기 바랍니다.

◆ 이루고자 하는 목표는 무엇인가?

◆ 그 목표를 이루었다는 것을 무엇으로 알 수 있는가? 다른 사람들이 어떻게 관찰 및

　측정할 수 있는가?

◆ 그 목표를 이루기 위해 필요한 지식, 기술, 태도는 무엇인가?

◆ 그 목표를 이루기 위해 필요한 파트너는 누구이고 인적 네트워크는 어떻게 해야 하

　는가?

◆ 그 목표를 이루기 위해서 자신의 품질, 수량, 협력정신을 어떻게 준비해야 하는가?

◆ 그 목표를 위한 연간 목표, 3개월 목표, 월간목표는 어떻게 되는가?

◆ 월간목표를 위한 주간 실행목표는 어떻게 되어야 하는가?

◆ 오늘 당장 무엇을 할 것인가?

❧

신속하고
명확한 결정을
내려야 한다

| 부자가 되기 위한 생각 |

◆ 미루기는 거의 모든 사람이 정복해야 할 공통의 적이다.

◆ 당신은 자신의 뇌와 마음을 가지고 있다. 스스로 결정을 내릴 줄 알아야 한다.

◆ 진정한 지혜는 대개 겸손과 침묵을 통해 눈에 띄게 된다.

◆ 당신의 첫 번째 결정 중 하나는 입을 닫고 귀와 눈을 크게 뜨는 것이다.

◆ 각 방면의 리더들은 빠르고 확실한 결정을 내린다. 세상은 자신이 어디로 가는지 알고 있다는 언행을 보이는 사람을 위해 따로 공간을 만들어둔다.

자신의 의견대로
나아가야 한다

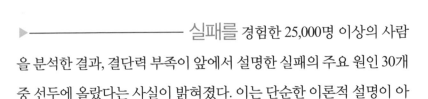

▶──────────── 실패를 경험한 25,000명 이상의 사람을 분석한 결과, 결단력 부족이 앞에서 설명한 실패의 주요 원인 30개 중 선두에 올랐다는 사실이 밝혀졌다. 이는 단순한 이론적 설명이 아니라 사실이다.

결정의 반대인 미루기는 거의 모든 사람이 정복해야 할 공통의 적이다.

이 책을 다 읽었을 때, 빠르고 확실한 의사결정에 도달할 수 있는 능력을 시험할 기회가 있을 것이다. 그러면 이 책이 설명하는 12가지 법칙을 실천할 준비가 된 것이다.

백만 달러 이상의 부를 축적한 수백 명을 분석한 결과, 그들 모두가 즉시 의사결정에 도달하고, 만일 그 결정을 번복할 때는 고심하고 다시 한번 검토하는 습관을 지니고 있었다. 반대로 돈을 모으지 못하는 사람들은 의사결정이 아주 느리고, 또 자주 변경하거나 변덕 또한 심했다.

헨리 포드의 가장 뛰어난 자질 중 하나는 신속하고 확실하게 의사결정을 하고, 만일 그 결정을 변경할 때에는 충분한 시간을 두고 다시 한번 생각하는 습관이었다. 그의 이런 자질은 매우 두드러져서 다른 사람으로부터 완고하다는 평까지 들을 정도였다. 그가 유명한 T 모델을 계속 생산한 이유도 그의 이런 자질 때문이었다. 많은 사람들이 자동차 모델을 바꾸라고 충고했지만, 그는 계속해서 자기주장을 굽히지 않고 초지일관 밀고 나갔다.

아마도 포드는 모델 변경 시기가 너무 늦었다고 생각했는지도 모르겠지만 이야기의 다른 측면도 있다. 그런 그의 완고한 성격으로 인해 결과적으로는 엄청난 부를 낳았다는 점이다.

필요한 만큼 충분한 돈을 모으지 못하는 사람은 일반적으로 다른 사람의 의견에 쉽게 영향을 받는다는 공통점을 가지고 있다. 그들은 신문기사나 주변의 소문에도 쉽게 흔들리고는 한다.

의견이라는 것은 세상에서 가장 저렴한 상품에 불과하며, 그 누구라도 산더미처럼 많은 '무책임한 의견'을 가지고 있다.

당신이 결정했을 때 다른 사람의 의견에 영향을 받는다면, 자신의 야망을 돈으로 변환시키지 못할 뿐 아니라 사업에서도 성공하지 못할 것이다.

다른 사람의 의견에 영향을 받는다면 자신의 야망도 없다는 말과 같은 것이다. 이 책에서 설명하는 법칙을 실천하기 시작할 때, 스스로 결정을 내리고 그 법칙을 따름으로써 당신 자신의 결단에 맡겨야 한다.

당신이 선택한 협력자들을 제외하고는 그 누구도 당신의 목표와 야망에 개입하도록 해서는 안 된다.

친한 친구와 친척들은 악의는 없다고 하지만 종종 농담으로 하는 얘기라며 당신의 결정을 비웃거나 조롱하는 경우가 있다. 바로 이런 까닭으로 수많은 사람이 자신감을 잃거나 좌절하며 도중 하차하여 인생을 망치는 경우가 있다. 당신의 자신감을 무너뜨렸기 때문이다.

당신은 스스로 통제할 줄 아는 자신의 뇌와 마음을 가지고 있다. 때문에 스스로 결정을 내려야 한다. 만약 당신이 다른 사람의 의견이나 정보가 필요하다면, 당신의 목표를 밝히지 말고 좀 더 명확하고 필요한 정보만을 확보하면 된다.

일반적으로 많이 아는 체하거나 겉만 번지르르한 사람들의 특징은 지식이 많다는 인상을 주기 위해 노력한다는 것이다. 그런 사람들은 자신의 의견만이 세상 전부인 양 떠들어대며 상대방의 의견은 아예 들으려고 하지도 않는다.

단호한 결단력의 습관을 들이려면 눈과 귀를 크게 열고, 입을 굳게 닫아야 한다.

대체로 말이 많은 사람일수록 행동은 거의 하지 않으며 무능한 경우가 많다. 당신의 말을 듣기보다는 자신의 말을 더 많이 하는 사람에게서는 정보나 지식을 얻기는커녕 당신의 아이디어와 유용한 지식마저 도둑맞을 염려가 있다.

풍부한 지식을 지닌 사람 앞에서 입을 연다는 것은 그 사람에게 당신의 지적 수준을 보여주게 된다는 것을 기억해야 한다. 진정한 지혜는 대개 겸손과 침묵을 통해 눈에 띄게 된다.

당신의 주변 사람도 당신과 똑같이 돈을 모을 기회를 찾아 동분서주하고 있다는 사실을 명심하자.

당신의 첫 번째 결정 중 하나는 입을 닫고 귀를 열며 눈을 크게 뜨는 것이다. 이 조언을 따르도록 자신을 상기시키기 위해 다음 문구를 큰 글씨로 적어 매일 볼 수 있는 곳에 걸어두면 도움이 될 것이다.

"내가 하고자 하는 일을 남에게 말하기 전에 행동으로 보이자!"

역사를 바꾼
결단력

▶─────────────── 결단의 가치는, 그 결정을 내리는 데 얼마만큼의 용기가 필요한가에 달려 있다.

현대 문명의 토대가 된 위대한 결정은 생사를 건 용기 있는 결단에 의해 이루어졌다.

링컨은 수많은 그의 지지자들과 주변 사람들의 반대에도 불구하고 노예 해방령을 선포했다. 그럼으로써 많은 사람을 적으로 돌렸고, 그 포고문은 전쟁터에서 수많은 사람을 죽음으로 몰아넣었다. 그럼에도 불구하고 그 모든 것을 감내하기에는 용기가 필요했으며 그 결정은 흑인들에게 자유를 부여한 것이다.

소크라테스가 자신의 신념에 타협하지 않고 독을 마시기로 결정한 것도 용기를 필요로 하는 결정이었다. 그의 결정은 천 년이 지나도록 사상의 깊이와 표현의 자유를 가져다주었다.

그러나 미합중국 역사상 최대의 결정은 1776년 7월 4일 필라델피아에서 56명의 사람들이 문서에 서명함으로써 이루어졌다. 그들은 모든 미국인에게 자유를 가져다주거나, 아니면 56명 모두가 교수대에 매달려 처형당해야 한다는 잘 알고 있었다.

우리가 알고 있는 것은 단지 역사적 사실에서 배운 대로이다. 즉 그 중대한 결정이 내려진 날짜, 혹은 밸리 포지나 요크타운 등의 지명, 또는 조지 워싱턴과 콘월 경 같은 위대한 인물들만 기억할지 모른다. 하지만 우리는 워싱턴의 군대가 요크타운에서 승리를 쟁취하기 이전, 미국 시민들에게 자유를 보장했던 그 무형의 힘에 대해 잘 알지 못한다.

그 무형의 힘은 미국 시민들에게 새로운 독립 국가를 가져오게 하여 영원한 자유와 생명을 부여했음에도 불구하고 역사가들이 사소한 언급조차도 하지 않은 것은 비극이라고 생각한다. 왜냐하면 그 힘이야말로 온갖 고난과 역경을 이겨내고 가치 있는 인생을 살려고 하는 사람들에게 없어서는 안 될 소중한 것들이기 때문이다.

그 힘을 탄생시킨 사건을 살펴보도록 하자.

이 이야기는 1770년 3월 5일 보스턴에서 발발한 사건에서 시작된다.

그 당시, 영국군 병사들은 미국 식민지의 시민들에게 무력 탄압을 자행하며 거리를 순찰하고 있었다. 시민들은 증오에 찬 시선으로 무장한 병사들이 행진하는 것을 바라보고 있었다. 그러다가 끝내 시민들은 야유하며 행군하는 병사들에게 돌을 던지거나 욕설을 퍼붓기 시작했다. 그러자 드디어 영국군의 발포가 이루어졌다.

그 결과 많은 사람이 사망하고 부상을 입었다.

이 사건은 영국군이 지나치게 식민지 시민들을 탄압하며 사극한 것이 원인이었다. 이로 인해 각 주의 의회(식민지 주민들의 대표자로 구성된)는 단호한 행동을 취하기 위해, 긴급회의를 열게 되었다. 그 회의의 대표자로서 존 핸콕과 새뮤얼 애덤스도 참석했다.

그들은 진지하게 얘기를 나누었고 마침내 모든 영국군을 보스턴에서 퇴출시키기 위해 함께 행동하기로 맹세했다. 그리고 그 결정은, 현재 미국 시민들이 누리고 있는 자유의 시초라고 할 수 있다. 그러나 그 결정은 극히 위험했기 때문에 굳건한 신념과 용기가 필요했다.

회의를 끝낸 후 새뮤얼 애덤스가 허친슨 지사를 만나 영국군의 철수를 요구했다. 그리고 그 요청이 승인되어 영국군은 보스턴에서 철수했지만 사건은 종결된 것이 아니었다. 그로부터 얼마 후 문명의 물줄기를 바꾸는 대사건이 일어나게 된 것이다.

◆ ◇ ◆

협력자 그룹의 힘

▶————————— 미국의 혁명이나 세계대전과 같은 거
대한 변화가, 종종 이렇게 작은 사건에서 시작되는 이유는 무엇일까?
그리고 이러한 중대한 변화가 비교적 적은 수의 사람들의 결정에서
시작되었다는 사실을 관찰하는 것도 흥미로울 것이다.

우리 중 존 핸콕이나 새뮤얼 애덤스, 리처드 헨리 리가 미국의 진정
한 아버지라는 사실을 잘 알고 있는 사람은 많지 않다.

리처드 헨리 리는 새뮤얼 애덤스와 자주 서신을 통해 의사소통을
하면서, 시민들이 느끼는 공포와 희망을 공유하며 그들의 안전을 위
해 최선을 다하고 있었다.

그러던 중 애덤스는 13개 주의 식민지 대표가 서로 서신을 교환함
으로써, 문제를 해결하는 데 큰 도움이 될 수 있다고 생각했다.

보스턴에서 군인들과 충돌한 지 2년 후인 1772년 3월, 애덤스는 각

식민지 대표들에게 독립을 위해 손을 잡자는 취지로 의회에 아이디어를 제출했다. 그리고 이윽고 '식민지 통신위원회'가 발족되었다.

우리는 이 사실을 잘 기억해야 한다.

이는 미국 시민들에게 자유를 가져다준 토대의 탄생과 더불어 협력자 그룹이 태동하는 순간이기 때문이다.

새뮤얼 애덤스, 존 핸콕, 헨리 리를 중심으로 협력자 그룹이 조직된 것이다. 게다가 다른 주에서 온 식민지 대표들이 합류함으로써, 협력자들의 힘이 크게 증대되었다.

이제까지 식민지 시민들은 보스턴 사건과 비슷하게 영국군을 향해, 아무런 조직력도 갖추지 못한 채 산발적인 반항을 계속했지만 아무런 소득도 얻지 못했다. 애덤스, 핸콕, 헨리 리가 한자리에 모이기 전까지는, 그 어떤 집단도 지혜와 용기, 정열을 함께 모아 영국군과 대적하려 하지 않았다,

한편 영국인들도 수수방관하고 있지는 않았다. 그들도 나름대로 대책을 강구하기 위해 그들만의 방법으로 협력자 그룹을 조직하고 있었다. 무엇보다도 그들은 돈과 군 병력이 충분했다.

영국 왕실은 허친슨을 대신해 게이지를 지사로 임명했다. 새로 발령받은 지사의 첫 번째 임무는 새뮤얼 애덤스에게 사람을 보내 더 이상의 저항을 막기 위한 목표였다.

이는 게이지 지사가 위임한 펜튼 대령과 새뮤얼 애덤스 사이의 대화를 살펴보면, 무슨 일이 일어났는지 잘 이해할 수 있다.

펜튼 대령의 발신

"나는 게이지 지사님으로부터 당신에게 확신을 줄 수 있는 일체의
권한을 부여받았습니다. 당신이 이 일에 적극적으로 협조한다면 영
국 정부는 당신에게 만족할 만한 사례를 할 것이오, 물론 이 조건은
더 이상 미국 시민들이 우리 정부에게 저항하지 않는 조건이고, 영국
왕실이 더는 불쾌감을 갖지 않도록 주의하자는 지사님의 조언입니
다. 귀하의 행위는 영국 법령에 따라 처벌할 수 있고, 지사님의 재량
에 따라 반역죄로 투옥되거나 본국으로 압송될 수 있습니다. 하지만
마음만 바꾼다면 당신은 영화를 누릴 수도 있고 국왕의 총애도 받을
수 있습니다."

새뮤얼 애덤스는 두 가지의 결정 중 하나를 선택할 수 있었다. 저항
을 중단하고 뇌물을 받아들이거나, 그대로 교수형에 처해질 위험을
무릅쓰는 것이었다.
대부분 사람은 결정을 내리기 어려웠을 것이고, 회피성 회신을
할 수도 있었겠지만, 애덤스는 그렇게 하지 않았다. 그는 펜튼 대령
이 그의 명예를 걸고, 자신의 답장을 지사에게 전해 주기를 바란다
고 했다.

애덤스의 회신

"당신은 지사에게 가서 이렇게 전해 주시오. 어느 누가 요청하더라도 나는 조국의 정의를 범하지 못할 것입니다. 더 흥분한 시민들을 노하게 하지 말았으면 하는 바람입니다. 이건 애덤스가 게이지 지사님에게 드리는 충고라고 전해 주시오."

애덤스의 성격에 대한 언급은 불필요해 보인다.

게이지 지사는 펜튼 대령으로부터 애덤스의 답신을 전해 받고 분노에 휩싸였다. 그리고는 다음과 같은 성명을 발표했다.

"나는 국왕 폐하의 이름을 걸어 무기를 내려놓고 투항하는 자들에 대해 아량을 베풀어 사면하며, 각 개인의 평화로운 생활을 약속한다. 그러나 새뮤얼 애덤스와 존 핸콕만은 제외한다. 그들은 반역죄가 너무 크기에 다른 고려를 할 수가 없다."

분노한 게이지 지사의 위협은 두 사람에게 다시금 결사적인 결정에 이르도록 했다. 그들은 서둘러 가장 믿을 수 있는 동지들을 불러 비밀 회의를 열었다. (이제부터 협력자 그룹이 탄력을 받기 시작했다.)

회의가 소집된 후 애덤스는 문을 걸어 잠그고 열쇠를 주머니에 넣었다. 그리고 참석자들에게 무슨 수를 쓰든지 단결하는 것이 필수적이며, 그러한 결론이 내려질 때까지는 아무도 이 방을 떠나지 말아야 한다고 강조했다.

회의장 안은 커다란 동요가 일었다. 어떤 사람은 그러한 결정이 초래할지 모르는 결과를 저울질했다. 어찌했든 그들 중, 두려움에 떨지 않은 사람은 애덤스와 핸콕 두 사람뿐이었고, 실패의 가능성에 대해서도 생각하지 않았다.

그러나 두 사람의 열정은 마침내 다른 사람들의 마음도 열게 되었고 1774년 9월 5일 필라델피아에서 제1차 대륙회의를 개최하기로 결정하였다.

이 날짜를 기억하자. 1776년 7월 4일 독립선언일보다 더 중요한 날이다. 대륙회의를 개최한나는 결정이 없었더라면 독립 선언서의 서명도 있을 수 없었다.

이 회의가 열리기 전, 버지니아주의 대표인 토머스 제퍼슨은 '영국령 미국인에 대한 권리와 개요'라는 제목의 책자를 발간하였다. 그 역시 던모어 경(버지니아주 지사)과의 관계는, 애덤스, 핸콕과 게이지 지사의 관계만큼이나 험악한 상태에 있었다.

제퍼슨의 책자가 발간된 후 제퍼슨은, 왕실에 대한 반역죄로 기소되었다는 통보를 받았다. 이 위협에 분개한 제퍼슨의 동료인 패트릭 헨리는 대담하게 영원히 고전으로 남을 문장으로 말했다.

"자유가 아니면 죽음을 달라!"

그 어떤 권력도, 권한도, 군사력도, 돈도 없이, 제1차 대륙회의 개최부터 시작된 식민지 저항 운동은 2년 동안이나 계속되었고 1776년 6월 7일, 대륙회의에서 리처드 헨리 리가 일어나 의장의 허락을 얻어 다음과 같은 발표를 했다.

"여러분, 우리는 이 식민지가 자유롭고 독립적인 국가가 되어야 하며, 영국 왕실에 대한 모든 충성을 단절하고, 영국과의 모든 정치적 관계 또한 완전히 청산하기 위한 운동을 하려고 합니다."

죽음을 각오한
서명

▶——————————— 리처드 리의 놀라운 주장에 대해 열렬한 논의가 이루어졌고, 기나긴 논쟁으로 인해 헨리 리도 점점 평정심을 잃어가기 시작했다. 마침내 며칠간의 논쟁 끝에 그는 다시 자리를 잡고 분명하고 확고한 목소리로 다음과 같이 선언했다.

"의장님, 우리는 이 문제를 며칠 동안 논의해 왔습니다. 우리가 따라야 할 길은 정해져 있습니다. 그렇다면 왜 아직도 머뭇거리는지요? 이제 더 이상 생각할 필요가 없습니다. 오늘을 아메리카 공화국의 탄생일로 정합시다. 영국을 정복하기 위해서가 아니라, 평화와 법에 의한 통치를 확립하기 위해 일어섭시다. 유럽의 눈은 우리에게 고정되어 있습니다. 유럽은 우리에게 자유의 살아 있는 본보기를 보이기를 요구합니다."

그의 주장이 표결되기 전에, 헨리 리는 가족이 위급하다는 소식을 듣고 급히 버지니아로 돌아갔다. 하지만 떠나기 전에 최후까지 함께 싸우겠다고 약속한 친구 토머스 제퍼슨에게 모든 일을 일임해 두었다.

얼마 지나지 않아 대륙회의 의장인 핸콕은 독립 선언서 작성을 위한 위원회의 의장으로 제퍼슨을 임명했다.

이윽고 문서가 작성되었고 6월 28일에 독립선언서 기초안이 의회에서 낭독되었다. 그것은 며칠 동안 논의되고 변경되어, 마침내 완성되었다.

1776년 7월 4일, 토머스 제퍼슨은 의장 앞에서 종이에 쓰인 결정문을 두려움 없이 낭독하기 시작했다.

"우리는 다음과 같은 사실을 자명한 진리로 생각한다. 모든 사람은 평등하게 창조되었고, 그들은 조물주에 의하여 일정한 양도할 수 없는 천부의 권리를 부여받았으며, 그중에는 생명, 자유 및 행복을 추구할 권리가 포함되어 있다. 또 이러한 제 권리를 확보하기 위해……"

제퍼슨이 낭독을 끝냈을 때, 그 문서는 정식으로 인정되어 죽음을 각오한 56명의 사람들이 서명을 했다. 이 결정으로 식민지 국민들에게 영원한 권리를 쟁취하며 자유를 만끽하게 하는 한 국가가 탄생하게 되었다.

이를 잊지 말자!

현재 전 세계가 주목하고 있는 미국이라는 나라는 56명이 한마음으로 구성한 '협력자 그룹'의 힘과 결정으로 탄생되었다는 사실을 잊지 말아야 한다.

워싱턴 군대가 성공을 거두게 된 것도 이들의 결정이라는 사실에 유의하자. 왜냐하면 그 위대한 결단은 각 장병들의 가슴에도 불을 지폈고, 불타는 투지를 불러일으키게 하였던, 영적 지주 역할을 했기 때문이다.

그리고 온 국민에게 자유를 안겨준 힘과 결단력은 인생을 스스로 결정해야 하는 우리 자신에게도 같은 의미를 지니고 있다. 그 힘은 이 책에서 설명하는 원칙들로 구성되어 있다. 독립 선언문에서는 이러한 원칙 중 적어도 몇 가지의 원칙, 즉 야망, 결정, 신념, 끈기, 협동 정신 등을 발견하게 될 것이다.

확실한 결정에는
항상 용기가 필요하다

▶─────────── 이러한 결단력의 철학이 시사하는 것
은, 강렬한 소망은 그 자체가 물리적인 가치를 창조할 수 있다는 암시
를 발견하게 될 것이다.

그러나 이 방법의 비밀을 찾으면서 기적을 찾으려 해서는 안 된다.
기적을 찾지 못할 것이기 때문이다. 오로지 자연의 법칙이 작용했을
뿐이라는 것만을 발견하게 될 것이다.

이 자연의 법칙은 신념과 용기를 가진 사람은 누구나 손에 넣을 수
있다. 이 원칙들은 국가에게 자유를 가져다주고 개인에게는 부를 주
기도 한다.

그 법칙들을 이해하고 적절하게 사용하는 데 있어서 비용이 들어가
는 것은 아니다. 신속하고 확실하게 의사결정에 도달하는 사람들은, 자
신들이 원하는 것을 이미 알고 있으며 또 기꺼이 그것을 얻는다.

어떤 분야에서든 지도자가 되려면 빠르고 확실하게 결정을 내려야 한다. 그것이 그들이 리더인 주된 이유이다.

세상은 자신이 어디로 가는지 알고 있다는 사람을 위해 따로 공간을 만들어두는 습관이 있다.

일반적으로 망설이고 주저하는 것은 청소년기에 시작되는 습관이다. 아무런 목표도 없이 초등학교, 중학교, 고등학교에 다니고 심지어 대학까지 거치면서 영구적인 습관으로 자리를 잡는다.

그런데도 모든 교육 시스템의 가장 큰 약점은 명확히 결정을 내리는 습관을 가르치지 않는다는 점이다. 만약 학생이 자신의 입학 목표를 선언할 때까지 어떤 대학도 등록을 허용하지 않는다면 매우 바람직할 것이다.

확실한 결정에는 항상 용기가 필요하며 때로는 죽음을 각오한 용기도 필요로 한다. 독립 선언서에 서명한 56명의 사람들은, 문서에 서명을 하기 위해 목숨을 걸어야 했다.

그러나 경제적인 부나 사회적 지위를 얻기 위해 확실한 결정을 한 사람은, 자신의 결정에 목숨을 걸지 않는다. 경제적 자유를 거는 것뿐이다.

코치의 질문

잠시 눈을 감고 심호흡을 한 후, 마음을 가다듬고 다음의 각 질문에 자신의 답변을 적어보시기 바랍니다.

◆ 지금 결정을 미루고 있는 것은 무엇인가?

◆ 택할 수 있는 선택지는 어떤 것들이 있는가?

◆ 각 선택지의 최선의 결과와 최악의 결과는 무엇인가?

◆ 각 선택지의 예상되는 비용과 시간은 어떻게 되는가?

◆ 결정을 위해 필요한 정보에는 어떤 것들이 있는가?

◆ 언제까지 결정해야 하는가?

◆ 그때까지 결정하지 않으면 어떤 일이 벌어지는가? 어떤 일이 벌어지지 않는가?

◆ 지금까지의 질문을 통해 정리된 생각은 무엇인가?

◆ 그 생각을 바탕으로 어떤 행동을 할 것인가?

제8법칙

참고
견뎌야 한다

| 부자가 되기 위한 생각 |

◆ 인내는 야망을 금전으로 바꾸는 필수적인 요소이다.

◆ 인내심의 부족을 극복할 수 있느냐, 없느냐는 전적으로 야망의 강도
  에 달려 있다. 약한 야망은 약한 결과를 가져온다.

◆ 모든 물이 바다로 흐르는 것처럼, 부는 마음의 준비가 된 사람들에게
  끌린다.

◆ 인내심이 없으면 시작도 하기 전에 패배한다.

◆ 처음에는 아무리 천천히 움직인다 해도 끈질기게 행동해야 한다. 지
  속성만이 성공에 이를 수 있다.

◆ 부는 소망에 응답하지 않는다. 부는 명확한 야망과 구체적인 계획으
  로 끈기 있게 실행할 때만 반응한다.

부는 마음의 준비가 된
사람들에게 끌린다

▶─────────── 인내는 야망을 금전으로 바꾸는 과정에서 필수적인 요소이다. 그리고 그 인내의 근본은 '의지력'이다.

의지력과 야망이 적절히 결합되면 강력한 힘이 생기게 된다. 막대한 부를 쌓은 사람은 일반적으로 냉혈한이며 때로는 잔인하다고 알려져 있다. 그러나 대부분 그것은 오해이다. 그들은 강인한 의지력과 인내심으로 야망을 달성하기 위해 고군분투했다.

헨리 포드는 일반적으로 냉정하고 인정이 없는 사람이라는 오해를 받아왔다. 그러한 오해는 포드가 자신의 계획을 집요하고 끈기 있게 밀고 나가는 데에서 비롯되었다.

대다수 사람들은 실패의 첫 번째 징후만 나타나도 재빠르게 저 멀리 던져버리거나 포기해 버리는 경향이 있다. 그러나 그렇지 않은 소수의 사람들은 주위의 반대나 한때의 실패에 주저앉지 않고 목표를 달성할 때까지 끈기 있게 밀고 나간다.

이 소수의 사람들은 포드, 카네기, 록펠러 및 에디슨을 들 수 있다.

인내력이라는 단어에는 영웅적인 의미의 함축성은 없을지 몰라도, 그 자질은 탄소가 철강의 가치를 결정하는 것과 같다.

부의 구축은 이 책에서 설명하는 12가지 법칙을 활용해야 한다. 이러한 법칙은 반드시 이해해야 하며 돈을 모으려는 사람은 인내의 힘으로 실천해 나아가야 한다.

이 책을 다 읽고 난 후 다시 첫 번째 장으로 돌아가 '당신의 선언문'인 6가지 원칙을 반드시 실행해 주기 바란다. 당신이 구체적인 계획과 목표 달성을 위해 노력하는 사람이 아니라면, 아마도 그 원칙은 이미 잊어버렸을지도 모른다.

다시 한번 강조하지만 인내심의 결여는 실패의 주요 원인 중 하나이다. 더욱이 수천 명의 실패한 사람들을 연구한 결과, 인내심의 부족은 대부분 사람이 지니고 있는 공통적인 약점이다. 인내심을 극복할수 있느냐, 없느냐는 전적으로 야망의 강도에 달려 있다.

이를 항상 기억해야 한다. 약한 야망은 약한 결과를 가져온다. 마치적은 양의 불은 적은 양의 열을 생성하는 것과 같다. 인내심이 부족한자신을 발견한다면, 자신의 욕구에 더 강한 불을 지핌으로써 그 약점을 고칠 수 있다.

이 책을 끝까지 읽은 다음, 다시 첫 장으로 돌아가서 6가지 원칙을 수행하자. 이 원칙을 따르면 당신이 진정으로 돈을 모으기를 원하는지, 또는 원하는 금액이 얼마인지 명확히 알 수 있을 것이다.

모든 물이 바다로 흐르는 것처럼, 부는 마음의 준비가 된 사람들에게 끌린다.

만일 당신의 인내심이 결여되어 있다고 생각되면 협력자를 만들어 조언을 얻을 수 있을 것이다.

인내심을 대체할 수
있는 것은 없다

▶──────────── 인내심이 없으면 그 무엇이든 시작도 하기 전에 패배한다.

만약 당신이 가위에 눌린 경험이 있다면 끈기의 가치를 깨닫게 될 것이다.

당신은 침대에 누워서 잠을 자고 있다. 그리고 당장 죽을 것만 같은 공포감에 사로잡혀 도망치려 해도 내 뜻대로 몸을 뒤집거나 움직일 수도 없다. 어서 빨리 이 순간을 벗어나야 한다는 것을 알고 있지만 몸이 따라 주지를 않는다. 그러나 마침내 발버둥 치며 그 순간을 벗어나려고 노력함으로써 당신은 손가락을 움직일 수 있을 것이다. 그리고 계속 손가락을 움직이다 보면 팔을 들어 올릴 수 있다. 그런 다음 같은 방식으로 다른 쪽 팔을 움직인다. 그리고 이제 온몸을 움직이게 되어 악몽에서 벗어날 수 있었다.

이와 마찬가지로 당신은 처음에는 한 걸음 한 걸음 나아가다가 드디어 속도를 높여야 한다는 것을 알게 될 것이다. 아무리 어려움이 있다 해도 끈질기게 나아가다 보면 마침내 성공하게 할 것이다.

인내심을 대체할 수 있는 것은 없다. 이를 기억해야 한다. 인내심을 갖고 있다면 처음에는 진척이 더디고 일이 어려워 보여도 마침내 성공하고 만다.

인내심이 몸에 밴 사람들은 실패에 대한 모험을 즐기는 것처럼 보이기도 한다. 그들은 몇 번을 실패한다 해도 인내로써 결국에는 사다리 꼭대기에 도착한다.

인내는 때로는, 모든 종류의 실패를 경험하게 하여 그 누군가가 자신을 테스트하는 것처럼 생각될 때도 있다. 그런데도 다시 자신을 추스르고 계속 노력하는 사람들은 반드시 결승점에 도착한다.

인내심 테스트를 통과하지 못한 사람은 위대한 성공도 누릴 수 없다. 그러나 모든 고난과 역경을 딛고 일어서는 사람들에게는 당연히 그에 따른 풍성한 보상을 받는다. 그들이 추구했던 목표가 무엇이 되었든 보상을 받게 되어 있다. 그뿐만이 아니다. 그들은 물질적 보상보다 훨씬 더 중요한 것도 누릴 수 있다. 바로 "그 어떤 실패라도 그 이상의 가치를 만들어내는 씨앗이 잠재해 있다."라는 진리이다.

어떤 사람들은 실패의 경험에서 인내심을 배우기도 한다. 그들은 실패가 찾아온다 해도 일시적인 것에 지나지 않는다고 생각하고 다시 일어선다. 그리고 자신의 야망을 포기하지 않음으로써 패배를 마침내 승리로 바꾼 사람들이다.

우리는 많은 사람이 실패로 인해 좌절하고 다시 일어나지 못하는 상황을 목격하고는 한다. 그러나 그 쓰라린 형벌 같은 실패를, 아직은 더 큰 인내와 노력이 필요하다는 교훈으로 삼고 분발하는 소수의 사람들도 목격한다. 다행히 그들은 삶에서 후진 기어를 넣는 법을 모른다. 오직 '져서는 안 된다. 다시 일어서야 한다.'라는 신념으로 실패에 대항하는 불가사의한 힘이 솟구치는 것을 보게 된다.

그 힘을 우리는 인내심이라고 부른다.

◆◇◆

브로드웨이를
정복한 비결

▶──────────── 브로드웨이에는 세계 각지의 사람들이 몰려온다. 그들이 성공이라 부르는 것이 무엇이든 간에, 그들은 부와 명성, 권력과 사랑을 찾아 브로드웨이로 몰려온다. 그리고 누군가는 오랜 구직자의 생활에서 벗어나 브로드웨이를 정복했다는 소식을 듣게 된다. 하지만 브로드웨이는 누군가가 쉽고 간단하게 정복할 수 있는 곳이 아니다. 그곳은 오직 재능을 인정받고 천재성을 인정받을 때만 돈으로 보상한다. 그리고 천재는 오직 '포기'라는 글자를 거부한 후 돈으로 보상을 받는다.

그렇다면 우리는 그 사람이 브로드웨이를 정복한 비결을 알아야 한다. 그 비결은 바로 '인내심'이다.

그 인내심 하나로 불야성의 뉴욕 거리를 정복한 패니 허스트의 얘기다.

그녀는 1915년 작가로 성공하기 위해 뉴욕으로 왔다. 그리고 빠르게 성공한 것은 아니지만 마침내 해내고 말았다. 허스트는 낮에는 힘들게 일하고 밤에는 희망에 불타 저술에 몰두했고 출판사의 문을 두드렸지만 아무런 반응이 없었다. 그렇게 4년 동안 힘겨운 일상이었지만 그래도 그녀는 "그래, 브로드웨이, 당신이 이겼어!"라고 말하지 않았다. 그 대신 "좋아. 브로드웨이, 나를 포기하라고 채찍질할 수 있겠지만, 난 아니야. 당신이 포기해."라고 되뇌었다.

대개는 출판사에서 수없이 거절당했을 때 작가의 길을 단념했을지 모른다. 하지만 그녀는 결코 굴하지 않았고 4년이나 지나도록 계속해서 출판사의 문을 두드렸다.

그러자 보상이 나타났다. 보이지 않는 안내자는 패니 허스트를 시험했고, 그녀는 거기에 합격한 것이다. 그때부터 출판사들은 문을 열고 그녀에게 길을 터주었다. 이제 그녀가 수없이 드나들었던 출판사에서 오히려 그녀를 찾아와야 했다.

돈이 너무나 갑자기 들어와 계산할 시간조차 없을 정도였다. 그리고 얼마 후 영화사 관계자들의 눈에도 띄게 되었고, 그때부터 돈이 홍수처럼 밀려 들어왔다. 그녀의 소설 '위대한 웃음소리'의 영화 판권은 10만 달러에 팔렸는데, 이는 출판도 하기 전에 팔린 작품 중에 가장 큰 금액이었다. 책 판매로 인한 인세는 그보다 훨씬 더 많았을 것이다.

간단히 말해, 인내심이 무엇을 이룰 수 있는가에 대한 좋은 사례이며 패니 허스트라고 해서 특별한 사람은 아니다.

보통 사람들은 누군가 큰 부를 축적했을 때, 그들은 처음부터 운이 좋았다고 생각할지 모른다. 그러나 부를 이룩한 사람들은 누구나 처음에는 인내심을 요구받는다. 브로드웨이는 여느 거지에게 커피 한 잔과 샌드위치를 줄 수 있지만, 큰 스테이크를 원하는 사람들에게는 반드시 담보물로 인내력을 요구하는 것이다.

케이트 스미스가 위의 내용을 알게 되면 크게 공감할지도 모른다.

그녀는 수년 동안 급여도 없고 대가도 없이 노래를 불렀지만, 가수의 길은 멀기만 했다. 어느 날 마침내 브로드웨이 관계자가 말했다.

"이제 금액을 정해서 본격적으로 해봅시다."

그녀는 스스로 금액을 정했고 그걸로 충분했다. 그녀의 주급은 대부분 사람이 1년 동안 버는 것보다 많았다.

인내심을
기르기 위한 방법

▶─────────── 수많은 사람이 브로드웨이를 오갔고, 그들 중 다수는 노래를 아주 잘 불렀다. 하지만 브로드웨이가 받아들일 때까지 그들은 끈기를 유지하지 못했다. 그 결과 아무런 성과도 낼 수 없었다.

인내심은 어디까지나 마음의 상태이므로 기를 수 있다. 모든 정신 상태와 마찬가지로 인내심은 다음과 같은 명확한 원인을 기반으로 하고 있다.

1. 명확한 목표

자신이 원하는 것이 무엇인지를 아는 것이 인내심을 기르는 첫 번째이자 아마도 가장 중요한 일일 것이다. 강한 동기부여는 수많은 난관을 헤쳐 나갈 수 있게 한다.

2. 야망

더욱더 강렬한 야망이 타오를 때 인내력이 발휘될 것이다.

3. 자신감

당신의 능력과 가치를 믿으며 자신감을 가질 때 인내력이 생긴다.

4. 구체적인 계획

명확하고 구체적인 계획은 인내심을 갖게 한다.

5. 정확한 지식

경험이나 관찰을 바탕으로 지식을 쌓아야 한다. 억측이나 짐작으로 판단하게 되면 인내심이 무너지기 쉽다.

6. 협력심

다른 사람들과 공감하고 이해하며, 조화롭게 협력하는 것은 인내심을 강화시켜 준다.

7. 집중력

명확한 목표를 달성하기 위해 계획을 세우며 집중하는 습관은 인내심의 밑거름이 된다.

8. 습관

　인내심이 몸에 배어야만 한다. 두려움이라고 하는 적이라 할지라도 용기 있는 행동을 반복함으로써 효과적으로 물리칠 수 있다.

　위 8가지 요소를 자신에게 적용해보고 요소 중 부족한 것이 무엇인지 확인한다. 이에 대한 분석은 당신에게 새로운 용기를 줄 것이다.

◆◇◆

극복해야 할 16가지 약점

▶─────────── 여기서 당신과 성공 사이를 가로막고 있는 적이 무엇인지 살펴볼 수 있을 것이다. 이러한 분석을 통해 인내심의 부족뿐만 아니라, 그 약점의 근본 뿌리에 있는 잠재의식도 찾게 될 것이다. 앞의 8가지 목록을 주의 깊게 살펴보고 자신이 무엇을 원하는지, 그리고 무엇을 할 수 있는지 파악해야 한다.

그럼 이제 성공과 부를 축적하려는 사람이라면 반드시 극복해야 할 약점 16가지를 열거해보자.

1. 자신이 원하는 것을 명확히 인식하지 못하고 설명도 하지 못한다.

2. 원인이 있든 없든 미루는 태도. (보통은 많은 구실이나 변명으로 일관한다.)

3. 전문 지식 습득에 관한 관심 부족.

4. 우유부단하여 문제를 정면으로 마주하지 못하고 모든 책임을 전
   가하는 습관.

5. 문제 해결을 위해 구체적인 계획을 세우기보다는 구실을 찾아
   변명하는 습관.

6. 자기만족하는 습관. 이것처럼 불행한 것도 없다. 이는 구제할 방
   법이 없다.

7. 문제에 맞서 싸우기보다는 안이하게 타협하려는 태도. 이 태도
   의 근본 원인은 무관심에 있다.

8. 자신의 잘못에 대해 남의 탓을 하거나, 여간해서 인정하지 않으
   려는 습관.

9. 야망 부족. 이는 안일한 타성에 젖기 쉽다.

10. 패배의 첫 징조만 나타나도 쉽게 포기하거나 다시는 일어설 생
    각도 하지 않는 것.

11. 자신이 세운 계획을 서면으로 작성하지 않는 것. 따라서 분석할 수도 없고 반성할 수도 없다.

12. 눈앞에 번뜩이는 아이디어나 기회가 와도 손을 내밀어 잡으려고 하지 않는다.

13. 꿈만 있을 뿐 아무 행동도 하지 않는다.

14. 부를 목표로 삼는 대신에 빈곤과 타협하는 습관. 전반적인 야망의 부재.

15. 일확천금을 꿈꾸며, 일에 대한 대가를 얻으려 하지 않고, 보통은 도박이나 투기를 통한 요행을 바란다.

16. 비판에 대한 두려움을 갖고 있다. 타인의 생각이나 행동, 발언 등이 두려워 계획을 세우고도 실행하지 못한다. 이는 열거한 16가지 약점 중에서 가장 큰 적이다.

비판을 두려워해서는
안 된다

▶──────────── 비판에 대한 두려움의 몇 가지 증상을 살펴보겠다. 대부분 사람은 친척이나 친구 및 주변 사람들의 비판을 두려워한다. 이 때문에 자신의 인생을 허비해버리는 사람들이 너무 많다.

또 수많은 사람이 잘못된 결혼인 줄 알면서도 남의 이목이 두려워 이혼하지 못하고, 불행한 삶을 살아가기도 한다. 이처럼 실수나 실패를 바로 잡으려 해도 뒤따를 수 있는 비판이 두렵기 때문이다. (이런 형태의 두려움에 굴복한 사람은 성공하겠다는 야망이 꺾여 돌이킬 수 없는 손해를 보게 된다.)

그러나 그 의무라는 명분으로 자신의 야망을 파괴할 뿐만 아니라, 자신의 방식대로 사는 삶조차 허락하지 않는 것이다.

그리고 사업에 실패하면 뒤따를지 모르는 비판이 두렵기에 위험을 무릅쓰는 것을 거부한다. 이 경우 비판에 대한 두려움은 성공에 대한 야망보다 강하다.

또 많은 사람이 너무 높은 목표를 가지지 말자고 생각하는 예도 있다. '그렇게 높은 목표를 세우지 마라. 사람들은 네가 미쳤다고 생각할 거야.'라는 친척이나 친구, 주변 사람들의 말을 들을까 봐 두려워하기 때문이다.

앤드루 카네기가 자신의 성공철학을 체계화하기 위해, 나에게 20년의 세월을 걸 것을 제안했을 때, 내 처음 생각은 사람들의 비웃음에 대한 두려움이었다. 그 제안은 이제까지 내가 생각해 본 그 어떤 것보다 비교할 수 없을 만큼, 커다랗고 아득하기만 한 목표였다. 그리하여 나는 순식간에 변명과 구실들을 만들어내기 시작했고, 그 모든 비판에 대한 두려움에 사로잡혔다.

그 두려움은 '너는 할 수 없어. 목표가 너무 거창하고 시간이 많이 걸려.', '네 친척들은 그런 너에게 어떻게 생각할까?', '너는 그동안 어떻게 생계를 유지할 생각인데?', '아무도 성공철학을 체계화한 적이 없는데, 네가 그것을 할 수 있다고 믿는 거야?', '대체 누가 그렇게 높은 목표를 삼도록 한 거야?', '네 초라한 출생을 기억해봐. 네가 대체 무엇을 할 수 있다고 생각해?', '사람들은 네가 미쳤다고 생각할 것야.'라고 속삭이는 것만 같았다.

왜 지금까지 다른 사람들은 그 일을 하지 않았을까? (실제로 다른 사람들은 하지 않았다.)

그것뿐 아니라, 여러 가지 의문들이 내 마음속에 떠올랐고 조심하자는 생각이 들었다. 카네기의 제안은 나에게 도저히 무리한 일이므로 할 수 없다고 조롱함으로써 단념하라는 듯한 기분이 들기도 했다.

사실 나는 내 야망을 펼치기 전에 몇 번이나 단념하려고 했다. 그러나 나중에 수천 명의 사람들을 관찰하고 분석한 결과, 대부분의 성공 철학 아이디어는 아직 태어나지도 않은 상태였고, 만일 태어난다 해도 구체적인 계획을 세워 즉시 행동해 생명의 숨결을 주입해야 한다는 사실을 알게 되었다. 그리고 갓 태어난 아이디어는 극진한 보살핌이 필요하다. 그래야만 살아날 기회가 커지는 것이다.

비판에 대한 두려움은, 온갖 아이디어를 망쳐버리는 원인이다. 그 두려움이 존재하는 한 계획하고 행동하지 못한다.

인내심은
행운을 가져다준다

▶─────────── 많은 사람들은 성공이 행운에서 오는 것이라고 믿는다. 그러한 신념에도 아주 근거가 없는 것은 아니지만, 전적으로 운에 의존하는 사람들은 거의 실망하기 마련이다. 왜냐하면 눈앞에 있는 또 다른 중요한 성공의 요소를 간과할 수 있기 때문이다.

대공황기 동안 코미디언인 W. 필즈는 전 재산을 잃고 수입도 없는 처지가 되었다. 더구나 그는 이미 나이가 60세를 넘기고 있었다. 그러나 그는 재기를 열망했기에 새로운 분야(영화)에서 출연료는 받지 않을 테니 일거리를 달라고 제안했다.

이런 문제 외에도 또 다른 어려운 일이 발생했다. 편도선염이 발생한 것이다.

보통 사람들이라면 포기하고 단념할 수밖에는 없는 상황이었다. 그러나 필즈에게는 끈기가 있었다. 그는 자신이 포기하지 않고 참아내다 보면 언젠가 행운의 여신이 다가올 것으로 믿고 있었다. 그리고 결국 행운을 얻게 되지만 절대 우연은 아니었다. 준비된 우연한 기회였던 것이다.

에디 켄터 역시 대공황기에 주식 대폭락으로 전 재산을 날렸지만 용기와 인내력만은 잃지 않았으며 탁월한 통찰력과 집중력으로 주당 1만 달러의 수입을 올리는 성과를 거두었다.

진정으로 인내심을 가진 사람은 다른 조건이 좋지 않다 해도 재기할 수 있다.

누구나 희망은 자신이 만들어내는 것이며 이는 끈기를 적용함으로써 가능한 것이다.

처음 만난 사람들에게 인생에서 가장 원하는 것이 무엇이냐고 물어보면, 그들 중 대부분은 대답하지 못할 것이다. 그래도 만약 대답을 강요한다면, 많은 사람들이 재정적 안정, 일부는 행복, 다른 일부는 명성과 권력, 그리고 어떤 사람은 사회적 인식과 생활의 편리성, 노래 실력, 춤, 또는 글쓰기라고 말할 것이다. 그러나 그들 대부분이 옳다 그르다를 단정하지 못하며 야망을 위한 계획도 제시하지 못할 것이다.

부는 바란다고 해서 얻어지는 것이 아니다. 부는 명확한 야망과 구체적인 계획과 뚝심으로 버텨 실행해 나갈 때만 반응한다.

◆ ◇ ◆

인내력을 습관으로
만드는 방법

▶───────────── 여기에 인내력을 습관으로 만드는 간
단한 네 가지 방법을 소개하겠다. 이 방법은 많은 양의 지식과 특별한
교육, 시간과 노력을 요구하지 않는다. 그 방법은 다음과 같다.

1. 간절한 소망으로 뒷받침된 명확한 목표를 가져야 한다.

2. 구체적인 계획을 세워 한 걸음씩 실행해 나아가야 한다.

3. 친척이나 친구, 주변 사람들의 부정적인 요소들, 즉 자신의 목표에 방해가 되
   거나 좌절감을 안겨주는 모든 의견에 귀 기울이지 않는다.

4. 자신의 계획과 목표가 이루어지도록 격려해 줄 한 명 이상의 협력자를 만든다.

이 네 가지는 모든 성공의 필수적인 요소다. 이 책에서 말하는 12가지 법칙의 목표 또한 이 네 방법을 습관적으로 익힐 수 있도록 하려는 것이다.

이 방법들은 경제적인 문제로부터 자유로워질 수 있도록 한다.

이 방법들은 당신의 고정관념을 타파해준다.

이 방법들은 많은 부를 가져다준다.

이 방법들은 권력과 명성을 얻을 수 있게 해준다.

이 방법들은 행운을 이끌어낼 수 있다.

이 방법들은 꿈을 현실로 바꾸어준다

이 방법들은 두려움과 좌절감에서 벗어나게 해준다.

이 네 가지 방법을 실행하는 사람에게는 멋진 보상이 뒤따른다. 그 보상이란 자신의 가치를 스스로 매길 수 있고 인생을 뜻대로 살도록 만들어가는 특권이다.

그 어느 사람도 정답을
제시하지는 못한다

▶─────────── 나는 그 사실을 알 길이 없지만, 감히 그 부인에 대해 추측한다. 월리스 심슨 부인의 한 남자에 대한 위대한 사랑은 우연이 아니고, 행운도 아니었다.

부인에게는 간절한 소망이 있었고 할 수 있는 한 모든 방법을 동원했다. 그녀의 가장 큰 야망은 사랑이었다.

이 세상에서 가장 위대한 것은 무엇일까? 일찍이 선각자들은 그것을 사랑이라고 했다. 사람이 만든 규칙에 의한 결혼이 아닌 순수한 사랑을 말하는 것이다.

그녀는 영국 왕자를 만난 후가 아니라, 그보다 훨씬 오래전부터 자신이 진정으로 원하는 것이 무엇인지 알고 있었다. 그리하여 그녀는 자신의 사랑에 대한 야망을 불태우며 용기와 인내로 하루하루를 버텨 나갔다.

당신이 심슨 부인에 대해 어떻게 생각하든, 혹은 그녀와의 사랑을 위해 왕관을 포기한 에드워드 왕을 어떻게 생각하든, 그들은 원하는 것을 얻기 위해 그 모든 것을 다 내려놓았다.

결국 그들은 자신이 원하는 것을 쟁취했다.

심슨 부인은 이미 한 번의 이혼을 하고 두 번째 결혼생활을 하고 있던, 당시로써는 이미 늙었다고 생각할 나이에, 전 세계 미녀들의 흠모 대상이었던 에드워드 왕의 마음을 사로잡았다. 이 평범하지 않은 여성은 과연 누구일까.

에드워드 왕 또한 자신이 선택한 사랑 때문에 너무 값비싼 대가를 치른 것은 아닐까?

확실히 당사자가 아니고서는 아무도 정답을 제시하기 어렵다. 나머지 추측만 할 수 있을 뿐이다.

우리가 아는 에드워드 왕은 자신의 동의 없이 세상에 나왔고 태어나 보니 이미 부와 권력이 쥐어졌었다. 사람들은 그의 환심을 사기 위해 아리따운 여성들을 소개했고, 맏아들로 태어났기에 왕관을 물려받았지만, 그 자신은 그 어느 것도 추구하지도 원하지도 않았다. 40여 년의 삶을 자신만의 방식대로 살 수 없었던 그가 마침내 왕위에 올랐을 때 그는 자신에게 지워진 책임과 의무를 다해야만 했다.

혹여 어떤 사람들은 '이제 에드워드 왕이 왕위에 오름으로써 마음의 평안과 만족, 삶의 기쁨을 발견했다.'라고 말할지 모른다. 그러나 막강한 특권과 부, 명성, 왕으로서 권력을 물려받았지만 오직 하나, 채울 수 있는 공허함이 있었으니, 그것은 바로 사랑이었다.

마침내 에드워드 왕이 왕관을 포기하고 윈저공으로서 거룩하고 성스러운 사랑과 결합하였을 때, 그는 한치의 두려움이나 망설임도 없이 마음의 문을 열고 들어갔던 것이다.

두 사람은 사랑을 찾았고, 공개적인 비판과 반대에도 불구하고 그들은 두려움 없이 헤쳐나갔다. 이러한 결단은 용기가 없이는 불가능한 일이다. 더구나 그 대가는 너무도 커서 설명할 필요도 없을 것이다.

그러나 그들의 사랑은 깨끗하고 깊고 진실한 것이었다. 무엇보다도 자신들이 진정으로 원했던 것을 쟁취했고 그에 따른 혹독한 대가를 치렀다.

유럽이 지난 세기 동안 가장 인간적인 마음을 가진 에드워드 왕과 같은, 정직하고 순수한 통치자들로부터 축복을 받았더라면 어찌 되었을까. 탐욕과 증오, 그리고 전쟁의 위협이 아닌 전 세계에 평화의 깃발이 펄럭일 것이다.

주위의 손가락질과 비웃음을 감내하면서도 자신의 의지를 굽히지 않고 자신만의 제국을 구축할 수 있었던 그 저력은 무엇일까.

헨리 포드와 같은 사람들을 보았을 때, 이러한 질문들이 내 마음속에 떠올랐지만, 결국 인내심 외에는 다른 것이 없었다는 결론을 낼 수 있었다.

교육이라고는 3개월도 채 받지 않았던 에디슨은 끈기의 대명사로서, 동영상 기계, 백열등 등 우리에게 유용한 수많은 발명품을 창조해

냈다. 그리고 나는 오랫동안 두 사람(헨리 포드와 에디슨)을 분석할 수 있는 행운과 특권을 누릴 수 있었다. 그런데 두 사람 중 누구도 자신들의 놀라운 업적의 주요 원천인 인내력이라는 자질에 대해 언급하지 않았다.

하지만 과거의 선지자, 철학자, 성인, 종교 지도자들에 대해서도 공평하게 연구하면서, 인내력, 노력과 집중, 구체적인 계획과 명확한 목표가 성공의 주요 원천이라는 필연적인 결론에 도달하게 되었다.

코치의 질문

잠시 눈을 감고 심호흡을 한 후, 마음을 가다듬고 다음의 각 질문에 자신의 답변을 적어보시기 바랍니다.

◆ 포기하지 않고 마침내 성공한 예가 있다면 어떤 것이 있을까?

◆ 포기하지 않고 계속할 수 있었던 원동력이나 비결은 무엇인가?

◆ 새롭게 도전하고 싶은 것이나 요즘 도전하고 있는 것이 있다면 무엇인가?

◆ 그 도전을 통해 얻고 싶은 결과는 어떤 것인가?

◆ 그것을 이루는 것이 자신에게 어떤 의미인가?

◆ 그것을 이루는 데 저항(방해요인)으로 작동하는 것은 무엇인가?

◆ 누구와 함께하면 도움이 될까?

◆ 어떤 경로를 통해 그 사람을 만날 수 있을까?

◆ 앞으로 더 나아가기 위해 시도할 수 있는 것 3가지가 있다면 무엇인가?

◆ 앞으로 더 나아가기 위해 내려놓거나 줄여야 할 것 3가지가 있다면 무엇인가?

협력자의
도움이
필요하다

| 부자가 되기 위한 생각 |

◆ 돈을 모으려면 에너지가 필요하다. 또한 에너지는 돈을 축적한 후에 유지하기 위해 필요하다!

◆ 협력자 그룹은 '명확한 목적 달성을 위해 두 사람 이상이 조화의 정신으로 지식과 노력을 조율하는 것'이다.

◆ 하나의 배터리보다 여러 개의 배터리가 더 많은 에너지를 제공하듯, 조화로운 정신으로 연결된 뇌 집단은 하나의 뇌보다 더 많은 생각의 에너지를 제공한다.

◆ 자신을 둘러싸고 있는 다른 사람의 뇌에서 발휘되는 에너지를 얻을 수 있어야 한다.

◆ 긍정적인 생각의 감정은 부유함으로 흘러가는 측면을 형성하고, 부정적인 감정은 가난으로 이끄는 쪽을 형성한다.

◆ 에너지는 적용하고 실행할 때만 당신을 위해 봉사한다.

협력자들을 통해
에너지를 획득해야 한다

▶━━━━━━━━━━━ 부를 축적하고 성공하기 위해서는 반드시 에너지가 필요하다. 계획을 행동으로 실행하기 위한 충분한 에너지가 없으면 추진력을 얻기 어렵다. 이번 장에서는 개인이 에너지를 획득하고 적용하는 방법을 설명하려고 한다.

에너지는 '조직화되고 올바르게 세워진 지식'으로 정의할 수 있다. 그리고 여기서 사용하는 에너지란, 야망을 금전으로 바꿀 수 있을 만큼의 충분한, 조직과 노력을 의미한다. 조직과 노력은 두 사람 이상의 화합을 통해 이루어지며, 이들은 조화를 유지해 가면서 명확한 목표 달성을 위해 협력하는 것이다.

돈을 모으려면 에너지가 필요하다. 또한 에너지는 돈을 축적한 후에 유지하기 위해서도 필요하다!

그럼 어떻게 그 에너지를 얻을 수 있는지 확인해 보도록 하겠다. 에너지가 '조직화된 지식'이라면 그 지식의 근원을 살펴보자.

1. 무한한 지성

이 지식의 원천은 무한한 발상, 즉 창조적 상상력이다.

2. 축적된 경험

인간의 축적된 경험(또는 체계적으로 기록된 부분)은 잘 갖추어진 공공 도서관에서 찾을 수 있다. 이러한 축적된 경험의 중요한 부분은 공립학교나 대학에서 가르치고 있는데 그곳에서 분류하고 체계화한다.

3. 실험 및 연구

과학 분야뿐만 아니라 거의 모든 분야에서 사람들은 매일 새로운 사실을 수집하고 분류하여 정리한다. 이는 축적된 경험 지식을 이용할 수 없을 때 우리가 의뢰해야 할 지식의 원천이다. 여기서도 창조적 상상력은 자주 사용할 수 있어야 한다.

이 3가지 주요 지식의 원천을 조사해 보면, 개인의 노력에만 의존해 지식을 수집하거나 구체적인 계획을 짜서 실행하기가 어려울 것이다. 만약 계획이 포괄적이어서 많은 요소를 고려해야 한다면, 일반적으로 필요한 에너지의 요소를 더하기에 앞서, 다른 사람들의 협력을 이끌어 낼 수 있어야 한다.

협력자 그룹은 '명확한 목표 달성을 위해 두 사람 이상이 조화의 정신으로 지식과 노력을 조율하는 것'으로 정의할 수 있다.

어떤 사람도 이러한 협력자를 활용하지 않고서는 큰 힘을 가질 수 없다.

이전 장에서는 야망을 금전으로 전환시킬 목적으로 계획을 세우는 방법에 대해 얘기했다. 그러한 것들을 인내심과 용기로 실행하고, 올바른 협력자들을 선택하여 활용한다면, 당신이 인식하기도 전에 목표의 절반에 도달해 있을 것이다.

따라서 올바르게 선택한 협력자들을 통하여, 눈에 보이지 않는 에너지의 잠재력에 대해 좀 더 쉽게 이해시키려 한다. 여기서 협력자 원리의 두 가지 특성을 설명하려고 한다.

하나는 경제적 이점이고 다른 하나는 심리적 경제이다.

경제적 특성은 분명하며 이점은 자신이나 협력자 간에 완벽한 조화를 이룸으로써, 부를 창출할 수 있다는 점이다.

이런 형태의 협력자 그룹은 거대한 부를 이룬 거의 모든 사람들의 기반이 되었다. 이 위대한 진리를 얼마나 잘 이해하느냐에 따라 당신의 부가 결정될지도 모른다.

협력자 원리의 심리적 단계는 훨씬 더 추상적이고 이해하기 어렵다. 왜냐하면 세상 사람들이 잘 알지 못하는 영적인 에너지에 대해 언급하기 때문이다. 즉 두 개 이상의 마음이 하나로 합쳐질 때, 눈에 보이지 않는 무형의 에너지를 만들어낸다는 것이다.

우주에는 에너지와 물질이라는 두 가지의 원소가 있다.

물질의 단위는 원자, 전자, 분자인데, 이는 물질이 깨어지고 분리되거나 분해된 것들이다.

마찬가지로 에너지에도 단위가 있다.

인간의 마음도 에너지의 한 형태인데, 자연에 정신으로 존재하는 것의 일부이다. 두 사람의 마음이 조화롭게 조율될 때, 정신적 에너지는 친화력을 형성하며, 이는 협력자들의 심리적 장점으로 작용한다는 것이다.

협력자 원리, 아니 그것의 경제적 특성은 25년 전에 앤드루 카네기에 의해 처음으로 내 주의를 끌게 되었다. 이 원리의 발견은 내가 선택한 일에 책임의식을 갖도록 했다.

카네기의 협력자들은 철강 마케팅이라는 명확한 목적을 위해 50명 정도의 인원들로 구성되었다. 그는 자신의 전 재산이 이 협력자들을 통해 구축한 에너지 덕분이라고 했다.

거대한 부를 축적한 사람들, 그리고 거대하지는 않더라도 적지 않은 재산을 축적한 사람들을 분석해 보면, 그들은 의식적으로나 또는 무의식적으로나 반드시 이 협력자 원리를 활용했음을 알 수 있다.

하나의 배터리보다
여러 개의 배터리가 더 많은
에너지를 제공한다

▶─────────── 인간의 뇌는 전기 배터리에 비유할 수 있는데, 여러 개의 전기 배터리는 하나의 배터리보다 더 많은 에너지를 제공한다는 것은 말할 필요가 없다.

뇌도 이와 비슷한 방식으로 기능한다.

즉 하나의 배터리보다 여러 개의 배터리가 더 많은 에너지를 제공하듯, 조화로운 정신으로 합쳐진 뇌 집단은 하나의 뇌보다 더 많은 생각의 에너지를 제공할 것이다.

이 비유를 통해 타인의 두뇌를 이용한, '협력자의 원리' 즉 자신을 둘러싸고 있는 다른 사람의 뇌에서 발휘되는 힘을 얻을 수 있어야 한다는 비결이 명백해진다. 이제 협력자 원리의 심리적 단계를 이해하는 데 더욱 가까워졌을 것이다.

개별 두뇌들이 조화를 이루어 기능하게 되면, 이 그룹을 통해 생성되고 증가된 에너지는 그 어떤 각자의 에너지보다 더 커지게 마련이다.

헨리 포드가 가난과 문맹, 무지라는 핸디캡을 안고서도 사업을 시작했다는 사실은 잘 알려져 있다. 하지만 그는 불과 10년 만에 그 세 가지의 핸디캡을 극복해 냈고, 25년이 지나지 않아 미국에서 가장 부유한 사람 중 한 명으로 자리매김했다는 사실도 마찬가지로 잘 알려져 있다.

그리고 헨리 포드가 토머스 에디슨과 친구가 되었을 때부터, 더욱 빠르게 발전했다는 것을 알 수 있다.

당신은 이제 어떤 사람들의 마음이 어느 한 개인의 마음과 교류할 때, 얼마나 큰 영향을 끼치는지 이해하기 시작했을 것이다.

한 걸음 더 나아가 포드의 가장 뛰어난 업적이 하비 파이어스턴, 존 버로스, 루터 버뱅크(각각 두뇌 역량이 뛰어난 사람들)와 친구가 되었을 때부터 빛나기 시작했다는 사실을 생각해 보면, 조화로운 협력자 그룹이 성공을 위한 교두보였는지 이해하게 될 것이다.

헨리 포드가 재계와 산업계에서 가장 잘 알려진 사람 중 한 명이라는 사실에는 의심의 여지가 없다. 그가 쌓은 부에 대해서는 더 이상의 거론이 필요하지 않을 것이다. 이미 언급된 포드의 친한 친구들 중 몇몇을 분석하면, 당신은 다음의 말을 이해할 수 있을 것이다.

'인간은 조화로운 정신으로 교류하는 사람들의 본성과 습관, 그리고 생각의 에너지를 받아들이기 마련이다.'

이 말처럼 헨리 포드는 에디슨이나 루터 버뱅크, 존 버로스, 하비 파이어스턴과의 관계를 통해, 그 네 사람의 지능과 경험, 지식, 정신적인 에너지를 받아들이며 자기의 에너지를 더한 것이다. 더욱이 그는 이 책에서 설명하는 방법을 통해 협력자 원리를 전적으로 활용했다. 그리고 이 원리는 여러분들도 이용할 수 있다!

기적을
이루어낸 비결

▶────────── 나는 앞서 마하트마 간디를 언급했었
다. 아마도 간디에 대해 들어본 대다수의 사람들은 그를 그저 왜소한
체구의 기이한 남자로 보거나, 격식을 차리지 않고 돌아다니며 영국
정부를 곤혹스럽게 한다는 것만 떠올릴지 모른다.

그러나 현실적으로 간디는 괴팍하지도 않았을 뿐 아니라, 지금까지
살아온 사람들 중 가장 저력이 있는 사람 중의 한 사람일 것이다.

우리는 그가 엄청난 힘을 얻게 된 방법을 살펴볼 필요가 있을 것
이다.

그는 2억 명이 넘는 사람들이 명확한 목표를 위해 몸과 마음을 조
화롭게 조율하도록 유도함으로써 힘을 길러 왔다. 그리고 기적을 달
성했다.

쉽게 말해, 간디는 그 어떤 강요도 없이 조화와 화합의 정신으로 2

억 명의 사람들에게서 무한대의 협력을 끌어냈기에 기적을 이루어낼 수 있었다. 만약 이 기적을 의심한다면, 어떤 사람이든 두 사람 이상을 잠시라도 협력하도록 유도해보자.

기업을 경영하는 사람이라면 이러한 협력 정신으로 일하도록 직원들을 독려하는 것이 얼마나 어려운 일인지 알 것이다.

이렇게 두 사람 이상이 조화롭게 에너지를 생성할 수 있는 주요 원천은 바로 무한지성이다. 두 사람 이상이 조화로운 정신으로 확실한 목표를 위해 일할 때, 보이지 않는 무한지성의 거대한 지식의 저장고로부터 에너지가 방출되는 것이다.

이것은 다양한 에너지 중에서도 가장 강력하며 천재가 탄생하는 원천이기도 하다. 또한 모든 위대한 지도자들이 (그 사실을 의식하든 안 하든) 에너지를 얻는 원천이다.

에너지의 축적에 필요한 지식을 얻을 수 있는 주요 원천은, 다시 설명할 것이다.

이제 무한지성과 가장 쉽게 접촉할 수 있는 방법을 설명하려고 한다. 이 책에서 설명하는 어떤 원리도 종교와는 관계가 없다.

이 책은 오로지 독자들에게, 야망이라는 확실한 목표 아래 부자가 되는 방법을 알려주는 것뿐이다.

단지 읽으면서 생각하고 명상하면 된다. 그러면 곧 전체 주제가 펼쳐질 것이고 당신의 눈앞에 떠오를 것이다.

가난은 계획을
세울 필요가 없다

▶─────────────── 돈은 새색시처럼 수줍어하고 이해하기도 어렵다. 또한 돈은 헤어진 여인을 되찾기 위해 갖은 방법을 통해 구애하는 것과 마찬가지로 정열과 신념, 야망과 끈기로 붙잡아야 한다. 그 에너지는 또한 구체적인 계획을 통해 작용할 수 있어야 하며, 실행되어야 한다.

실제로 큰돈이 들어올 때는 마치 홍수가 밀려 들어오는 것처럼 보이지 않는 거대한 에너지가 작용한다. 커다란 강물의 흐름과 같다. 그러나 강물은 한 방향으로 흐르지 않는다. 한 방향은 역류하며 어떤 사람을 부로 운반하며, 다른 한쪽은 밑으로 흐르면서 거기에서 벗어날 수 없는 사람들을 휘말리게 한다. 그리하여 그들을 더욱 빈곤과 불행으로 치닫게 하는 것이다.

큰 부를 축적한 사람은 누구나 이 흐름의 존재를 알아본다. 이는 그 사람의 사고방식으로 구성되어 있기 때문이다.

긍정적이고 적극적인 사고를 지닌 사람들은 홍수 때 역류하는 강물과 같이 부의 흐름을 타고, 부정적이고 비관적인 사고를 지닌 사람들은 가난으로 이끄는 흐름에 휩쓸리게 된다.

에너지는 적용하고 사용할 때만 당신을 위해 봉사한다.

어떤 사람들은 종종 흐름의 긍정적인 면과 부정적인 면을 번갈아가며 경험하기도 한다. 만약 당신이 가난의 흐름에 휩쓸려 가고 있다면 이 책을 통해 다른 한쪽의 역류로 바꾸어 타도록 도와줄 것이다.

가난은 계획을 세울 필요가 없다. 물론 다른 사람의 협력도 불필요하다. 가난은 냉혹하고 무자비하기 때문이다. 반대로 부는 소심하고 부끄러움을 잘 타기 때문에 관심과 배려가 필요하다.

대부분의 사람들이 그러하듯이 누구나 부를 바라고 있지만, 간절한 소망으로 구체적인 계획과 실행만이 부를 축적할 수 있는 유일한 수단이라는 것을 아는 사람은 많지 않다.

잠시 눈을 감고 심호흡을 한 후, 마음을 가다듬고 다음의 각 질문에 자신의 답변을 적어보시기 바랍니다.

◆ 자신의 인생에서 중요한 목표 한 가지는 무엇인가?

◆ 그 목표를 위해 어떤 사람들이 함께하면 도움이 될까?

◆ 그 사람들을 어디에서 찾을 수 있을까?

◆ 그 사람들을 어떻게 만날 수 있을까?

◆ 그 사람들의 협력을 어떻게 끌어낼 수 있을까?

◆ 그 사람들과 유기적인 협력을 위해 어떤 수단과 방법으로 소통하면 좋을까?

◆ 지속적인 협력을 위한 환경시스템을 만든다면 어떤 모습이 될까?

◆ 당장 누구에게 연락하면 좋을까?

제10법칙

잠재의식을
끌어내야 한다

| 부자가 되기 위한 생각 |

◆ 잠재의식은 무한한 지성의 힘을 마음대로 끌어낼 수 있는 매개체이다.

◆ 생각이 감정과 섞여야만 잠재의식에 영향을 미쳐 행동을 일으킨다.

◆ 긍정적인 감정이 당신 마음을 지배하도록 하는 것은 당신의 책임이다.

◆ 긍정적인 감정을 적용하고 사용하는 습관을 길러야 한다. 결국 그 습관
　으로 인해 긍정적인 감정이 마음을 완전히 지배하게 되면, 부정적인 감
　정들은 완전히 소멸해 버릴 것이다.

◆ 소통은 인내와 신념, 끈기, 이해, 간절한 소망 외에는 요금이 들지 않
　는다.

잠재의식의 존재를
인정하고 이해하자

▶━━━━━━━━ 잠재의식은 오감을 통해 모든 아이디어를 분류하고 기록하는 의식의 영역으로 구성되어 그것을 저장한다. 그리고 그 정보들은 필요에 따라 언제든지 불러올 수 있다.

잠재의식은 밤낮으로 작용하며 언제나 깨어 있다. 그리고 어떠한 아이디어나 정보라도 그대로 받아들이는 성질이 있다. 따라서 잠재의식은 좋고 나쁜 것을 구별하지 못한다.

그러나 잠재의식을 완전히 통제할 수는 없지만, 계획이나 야망, 목표를 구체적인 형태로 변환시킬 수는 있다. 그리고 잠재의식은 우리가 알 수 없는 방법에 의해 무한의 지성과 교류한다. 잠재의식이 인간의 한정된 마음과 무한한 지성 사이의 연결고리라는 것을 뒷받침할 만한 증거는 얼마든지 있다.

잠재의식은 무한한 지성의 힘을 마음대로 끌어낼 수 있는 매개체이다. 또한 잠재의식은 기도에 응답하고 전달하는 매개체이기도 하다. 잠재의식이 인간의 한정된 마음과 무한의 지성 사이에서 소통하는 매개체라는 사실은 경외심을 불러일으킬 만하다.

당신은 잠재의식의 존재를 인정하고 이해한 후, 당신의 야망을 물리적, 금전적으로 전환시키는 매개체라는 의미를 이해할 수 있을 것이다. 또한 왜 야망을 명확히 하고, 1장에서 설명한 '자기 선언문'을 글로 써서 반복적으로 접해야 하는지도 이해할 수 있고, 그 지침을 수행함에 있어 인내해야 하는 필요성도 이해하게 될 것이다.

이 책에서 제시하는 12가지의 법칙은 잠재의식을 끄집어내기 위한 자극제이다.

한두 번의 시도로 불가능하다 해도 낙담해서는 안 된다. 잠재의식은 습관화되었을 때 비로소 자신의 생각대로 움직일 수 있다는 것을 알아야 한다. 그러므로 당신은 신념을 갖추기 위해 인내심을 지니지 않으면 안 된다.

기억하자. 잠재의식은 우리가 노력을 하든지 안 하든지 상관없이 자동으로 기능한다는 것이다. 따라서 두려움과 가난에 관한 생각, 그리고 모든 부정적인 생각들을 버리고 창조적이며 건설적인 암시를 주어야 잠재의식도 건설적인 정보를 계속 저장하게 되는 것이다.

따라서 당신이 모르는 사이에 잠재의식에 도달하는 모든 종류의 생각과 욕구가 매일 살아 움직인다고 기억한다면 그것만으로도 충분하다.

이제 당신은 부정적인 정보를 차단하고, 야망의 긍정적인 정보를 잠재의식에 심어주기 위해 노력해야 한다. 이것이 가능해지면 이제 잠재의식의 문을 여는 열쇠를 손에 쥐게 되는 것이다. 게다가 당신은 잠재의식의 문을 완전히 통제할 수 있게 되어, 바람직하지 않은 생각이 잠재의식에 영향을 주지 않게 할 수 있게 되는 것이다.

긍정적 감정과
부정적 감정

▶ ─────────── 인간이 창조하는 모든 것은 '순간적으로 떠오르는 마음의 번뜩임(영감)에서 시작된다. 인간은 결코 자기 마음에 들지 않는 것은 만들어내지 않는다. 이런 영감은 상상력의 도움을 받아 체계적으로 편성되고 잠재의식과 협력하여 여러 가지 아이디어나 목표를 계획하고 창조할 수 있다.

물질이나 재산으로 전환시키기 위해 잠재의식에 입력된 정보는 상상력의 작용에 의해 신념과 결합되어야 한다.

잠재의식을 활용하기 위해서는, 이 책에서 제시하는 12가지의 모든 법칙이 동원되어야 하고 작용해야 한다.

엘라 휠러 윌콕스는 다음과 같은 글로 잠재의식의 힘을 증명했다.

"어떤 생각이 당신에게 미움이나 사랑을 가져다줄지는 결코 알 수 없다. 생각은 통신용 비둘기보다 빠르다. 그리고 생각은 당신의 마음에서 나온 것이 무엇이 되었든, 당신을 다시 데려오기 위해 빠르게 질주한다."

윌콕스 부인은 잠재의식의 구조를 잘 이해하고 있다. 즉 마음속에서 빠져나온 생각들은 잠재의식에 깊이 박혀 있으며, 여기서 잠재의식은 금전적으로 전환되는 동안 패턴 또는 청사진의 역할을 한다.

잠재의식은 오로지 추론에서 기인한다기보다는 느낌이나 감정이 섞인 생각의 충동에 의해 영향을 받기 쉽다. 감정 섞인 잠재의식이 생각의 충동에 영향을 받는다면, 감정의 중요성에 대해 언급할 필요가 있다.

긍정적인 감정은 7가지, 부정적인 감정도 7가지다.

부정적인 감정은 우리의 잠재의식에 쉽게 들어오지만, 긍정적인 감정은 자기암시의 힘을 빌리지 않고서는 잠재의식 속으로 자리 잡지 않는다.

당신은 잠재의식의 '내적 수신기'가 소망을 받아들일 준비를 하고 있는 듯하다. 따라서 당신은 이 내적 수신기와 접근하는 방법을 알아야 한다. 그리고 그 언어로 말할 수 있어야 한다. 그렇지 않으면 당신의 요구에 주의를 기울이지 않을 것이다. 잠재의식 속의 내적 수신기는 감정이나 느낌의 언어를 가장 잘 이해한다. 그러므로 여기서 7대 긍정적인 감정과 7대의 부정적 감정을 기술하며, 잠재의식에 입력을 할 때, 당신은 긍정적인 감정을 이용하고 부정적인 감정을 멀리해야 한다.

7대 긍정적 감정은 다음과 같다

◆ 야망
◆ 신념
◆ 애정
◆ 섹스
◆ 열정
◆ 낭만
◆ 희망

다른 긍정적인 감정들도 있지만, 이 목록들은 7가지 가장 강력한 긍정적 감정이며, 창조적인 노력에 가장 흔히 사용되는 감정들이다. 이 7가지의 감정(이 감정들은 오직 사용함으로써 숙달될 수 있다.), 그리고 다른 긍정적인 감정들은 당신이 필요로 할 때 당신의 명령에 따를 것이다.

이와 관련해서, 긍정적인 감정으로 마음을 채움으로써 '돈에 대한 의식'을 키우기 위해, 이 책을 읽고 있다는 것을 상기하자. 부정적인 감정으로 마음을 채우면서 돈을 의식하면 안 된다.

7대 부정적 감정(멀리해야 할 것)

◆ 공포

◆ 질투

◆ 증오

◆ 원망

◆ 탐욕

◆ 미신

◆ 분노

긍정적인 감정과 부정적인 감정이 동시에 마음을 지배할 수는 없다. 둘 중 어느 한쪽이 지배해야 한다.

긍정적인 감정이 당신의 마음을 지배하도록 하는 것은 당신의 책임과 의무이다. 여기 습관의 법칙이 당신을 도울 것이다. 긍정적인 감정을 적용하고 사용하는 습관을 길러야 한다. 결국 그 습관으로 인해 긍정적인 감정이 당신의 마음을 완전히 지배하게 되면, 부정적인 감정들은 완전히 소멸해 버릴 것이다.

이러한 지침은 문자 그대로, 그리고 지속적으로 따라야 잠재의식을 통제할 수 있다. 의식 속에 단 하나의 부정적인 감정이 떠오르기만 해도, 잠재의식으로부터 건설적인 도움을 받을 수 있는 기회가 모두 무산될 수 있다.

만약 당신이 관찰력이 뛰어난 사람이라면, 대부분 사람은 모든 것이 실패한 후에만 기도를 한다는 사실을 알게 될 것이다.

실패한 후에 기도하는 사람들은, 잠재의식에 작용하는 감정인 공포와 의심으로 가득 찬 마음으로 기도하기 마련이다. 그러나 이런 기도는 실패하기 마련이다. 왜냐하면 이런 기도는 단지 아무 뜻 없이 단어만을 나열하며 공포와 의심에서 벗어나고자 하는 마음에 기도하는 것뿐이기 때문이다.

무언가를 위해 기도하되, 어차피 두려움에서 벗어나지 못할 것이라느니, 무한의 지성에 전달되지 않을 것이라느니 하는 마음으로 기도한다면 아무 소용이 없을 것이다.

만약 당신이 기도하고 그 응답에 부응해 성취한 경험이 있다면, 당신의 기억 속으로 돌아가 당시의 마음 상태를 떠올려보자. 그러면 여기서 설명하는 이론 이상의 그 무엇인가가 있었다는 것을 알게 될 것이다.

언젠가는 모든 학교와 교육기관에서 '기도의 과학'을 가르칠 때가 올 것이다. 그리고 기도가 아마도 과학으로 인정받을 수도 있을 것이다. 만약 이 주장이 억지라고 생각된다면 인류의 역사를 돌이켜보자.

1백 년도 채 안 된 옛날, 사람들은 번개가 신의 노여움을 나타내는 증거라고 믿고 두려워했다. 그런데 이제 그 믿음의 힘 덕분에 사람들은 번개를 이용해 산업의 바퀴를 돌리고 있다.

한정된 인간의 마음과 무한의 지성 사이에는 톨게이트가 없다. 그리고 소통은 인내와 신념, 끈기, 이해, 간절한 소망 외에는 요금이 들지 않는다.

성경책을 사서 죽는 날까지 반복적으로 읽는다고 해도 아무 소용이 없다. 무한의 지성에 도달하고 싶다는 당신의 생각은, 오로지 잠재의식을 통해서만 전해진다.

잠시 눈을 감고 심호흡을 한 후, 마음을 가다듬고 다음의 각 질문에 자신의 답변을 적어보시기 바랍니다.

◆ 자신의 잠재의식에 영향을 주고 있는 생각에는 어떤 것들이 있는가?

◆ 그 생각들은 긍정적인가?

◆ 만약 부정적이라면 어떤 긍정적인 생각으로 바꾸는 것이 좋을까?

◆ 자신이 원하지 않는 것은 무엇인가?

◆ 그 원하지 않는 것을 바꾸어 원하는 것을 적는다면 무엇이라고 적을 것인가?

◆ 원하는 것이 이루어진 모습을 상상한다면 어떤 모습인가?

◆ 그 모습을 상상하면 기분이 어떠한가?

◆ 이루어진 모습과 기분을 글로 간명하게 적는다면 무엇이라고 적을 것인가?

◆ 잠재의식의 힘을 활용하기 위해 반복적으로 무엇을 하면 도움이 될까?

◆ 오늘 어떤 긍정적인 감정을 심을 것인가?

제11법칙

잠재된
두뇌능력을
계발해야 한다

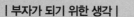

| 부자가 되기 위한 생각 |

◆ 인간의 두뇌는 생각의 진동을 발신하는 방송국이자 수신국이다.

◆ 창조적 상상력은 다른 사람의 뇌에서 방출된 생각을 수신하는 뇌
의 수신국이다.

◆ 당신의 방송국을 이용하려면 잠재의식, 창의적 상상력, 자기암시
등 세 가지의 원칙을 염두에 두고 적용해야 한다

◆ 텔레파시와 투시력은 동일한 능력이며, 인간이면 누구나 가지고
있는 재능이다.

◆ ◇ ◆

인간의 두뇌는
생각의 진동을 발신하는
방송국이자 수신국이다

▶─────────────── 20여 년 전, 필자는 고인이 된 박사들과 함께 연구했다.

알렉산더 그레이엄 벨과 엘머 게이츠 박사는, 모든 인간의 뇌는 생각의 진동을 발신하는 방송국이자 수신국임을 관찰했다.

인간의 뇌는 라디오 방송 원리와 유사한 방식으로, 다른 뇌에서 방출하는 사고의 진동을 포착할 수 있다. 앞 단락의 상상력에 관한 장에서 요약한 바와 같이 창조적 상상력의 설명을 비교하고 고려해 보자.

창조적 상상력은 다른 사람의 뇌에서 방출된 생각을 수신하는 뇌의 수신국이다. 이는 우리의 현재 의식과 논리적인 생각, 사고력과 아이디어를 결부시킨다. 외부로부터 주어지는 아이디어는 자극되고 증폭되어 보다 더 창조적인 상상력에 쉽게 전달된다.

주요하거나 격렬한 감정에 의해 증폭된 생각은 평범한 생각보다 훨씬 빠른 속도로 진동한다. 그리고 이것은 인간의 두뇌 방송을 통해 하나의 뇌에서 다른 뇌로 전달되는 것이다.

한편 뇌가 빠른 속도로 진동할 때, 매개체를 통해 다른 뇌에서 발산하는 생각이나 아이디어를 끌어들이기만 하는 것은 아니다. 그 생각들이 잠재의식에 포착되거나 활성화되기 이전에 자신만의 '느낌'이라는 감정을 갖게 되어 다른 사람의 잠재의식과 직접 교신하게 되는 것이다.

잠재의식은 두뇌의 발신장치이며 여기에서 생각의 진동이 방출한다. 그리고 창조적 상상력의 수신장치가 생각의 진동을 수신하는 것이다.

즉 라디오 방송국과 같은 '생각의 교신' 시스템은 발신장치인 잠재의식, 그리고 수신장치인 창조적 상상력으로 구성된 것이다.

자기암시의 장에서 설명했던 지침을 통해, 당신은 야망을 금전으로 전환하는 방법을 확실히 알게 되었을 것이다.

방송국의 운영 또한 비교적 간단하다. 당신의 방송국을 이용하려면 잠재의식, 창의적 상상력, 자기암시 등 세 가지의 원칙을 염두에 두고 적용해야 한다. 이 세 가지 원칙을 실행에 옮기는 데 필요한 자극은 앞서 설명했듯이, 그 모든 것은 야망으로부터 시작된다는 것을 잊어서는 안 된다.

무형의 보이지 않는
힘을 받아들여라

▶──────────── 지금까지 인간은 육체적 감각에 지나
치게 의존해 왔고, 보고, 만지고, 무게를 재고, 측정할 수 있는 물리적
인 지식에 집중해 왔다.

우리는 지금 모든 연령대 중에서 가장 경이로운 시대로 접어들고
있거니와 이 시대는 세상에 존재하는 무형의 힘에 관해 얘기할 것이
다. 그리고 아마도 우리는 육체적 자아보다 더 강력한 자아가 존재함
을 알게 될 것이다. 그리고 자신의 오감을 통해 감지할 수 없었던 것
들, 즉 무형의 힘에 의해 우리가 통제되고 있음을 스스로 상기할 수
있을 것이다.

인류는 성난 파도의 보이지 않는 힘에 대처할 힘도 없고 통제할 힘
도 없었다. 또한 우주 공간에 떠 있는 지구에서 인간을 떨어뜨리지 않
게 하는 무형의 힘인 중력의 존재에 대해서도 알지 못했다.

인류는 천둥 번개를 동반하는 무형의 힘에 전적으로 복종하고, 전기라는 무형의 힘 앞에서 무기력했다. 전기가 무엇인지, 어디서 비롯되는 것인지, 그 목표가 무엇인지조차 알지 못했다! 물론 보이지 않는 무형의 힘과 관련하여 인간의 무지함은 이것만은 아니다.

인간은 우리가 먹는 모든 음식, 입는 옷, 주머니에 넣고 다니는 모든 동전조차 우리에게 제공하고 있지만, 보이지 않는 그 힘을 알지 못한다.

또한 우리는 단지 생각하는 힘이 물질이나 금전으로 전환되는 복잡한 과정과 뇌에 대해서는 거의 아는 바가 없다. 하지만 이제 점점 그런 눈에 보이지 않는 무형의 힘에 대하여 미미하지만 점차 깨달아가고 있다.

이미 과학자들은 두뇌라고 불리는 이 엄청난 미지의 대상에 대해 관심을 갖기 시작했지만 아직은 초보 단계에 머물고 있다. 뇌에는 중앙처리장치라는 것이 있고, 뇌세포를 서로 연결하는 무수한 신경섬유나 그 조직 등은 아직 알지 못한다.

시카고 대학의 제드슨 헬릭 박사는 "그 숫자는 너무도 어마어마하다."라면서 "수억 광년을 다루는 천문학적 수치조차도 뇌의 조직과 비교했을 때는 미미하다."라고 말했다.

인간의 대뇌피질에는 100억에서 140억 개의 신경세포가 존재하며 그리고 그것들은 일정한 패턴으로 배열되어 있다고 한다. 그럼에도 그것들은 일정한 법칙에 따라 질서정연하게 배열되어 있다.

그러나 최근에 개발된 전자생리학, 매우 정밀한 신경세포에서 활동 전류가 발생하고 있는데 이를 끌어내어, 진공관으로 증폭시킴으로써 전위차 100만 분의 1볼트를 기록할 수도 있게 되었다.

이렇게도 복잡한 구조를 가진 조직망이 단지 우리 신체의 성장과 유지에 필요한 기능을 수행하기 위해 존재한다고만은 볼 수 없을 것이다.

그렇다면 수십억 개의 뇌세포를 가진 이 시스템은 다른 무형의 힘과도 교신하거나 눈에 보이지 않는 힘과 교류하기 위해 존재하는 것은 아닐까?

이 책을 다 쓰고 나서 원고를 출판사에 보내기 직전이었다.

듀크 대학의 라인 박사가 이끄는 연구진들이 수행한 내용을 뉴욕 타임스에 게재했고 이를 편집자가 정리해 실었는데 내용은 '텔레파시와 투시透視'였다.

"한 달 전 우리는 이 페이지에 '텔레파시'와 '투시'의 존재를 밝히기 위해, 많은 실험과, 라인 교수와 듀크 대학의 동료들이 연구한 놀라운 성과의 일부를 인용했다. 이 결과들은 하퍼스 매거진의 처음 두 기사에 요약되어 있다. 저자인 라이트 박사는 이러한 '인식 방식', 또는 추론이 타당해 보이는 것을 요약하려고 시도했다.

현재 라인 박사와 그의 연구진 실험 등에 의해 몇몇 과학자들은 텔레파시와 투시의 실제를 가능성이 높은 것으로 보았다.

라인 박사는 여러 실험 참가자들에게 특별한 팩에 카드를 담아놓고, 그 카드를 보지 않고 가능한 한 많은 카드의 이름을 알아맞히도록 했다. 그런데 많은 카드의 이름을 명확히 지정할 수 있는 몇 명의 남녀가 발견되었는데, 이를 운이나 우연으로만 볼 수는 없었다.

그렇다면 그들은 어떻게 할 수 있었을까? 실험은 그 방에서 했던 것처럼 수백 마일 떨어진 곳에서도 했지만 결과는 마찬가지였다. 이런 사실들은, 물리적인 방사 이론을 통해 텔레파시나 투시를 설명하려고 시도했던 라이트 박사의 의견과 배치된다. 다시 말해, 알려진 모든 형태의 방사 에너지는, 거리의 제곱에 반비례하여 감소하지만, 텔레파시와 투시는 거리에 관계가 없다는 것이다. 다만 그 텔레파시나 투시의 힘들은 다른 정신력과 마찬가지로 사람에 따라 개인차가 있을 뿐이다.

널리 퍼진 의견과는 달리, 텔레파시나 투시는 잠들거나 비몽사몽간에는 그 기능을 발휘하지 못하고, 깨어 있고 활발히 활동할 때 그 기능을 발휘한다고 한다.

이에 라이트 박사는 자신 있게 한 가지 결론을 끌어냈다.

즉 텔레파시와 투시력은 동일한 능력이며, 실제로 인간이면 누구나 가지고 있는 재능이라는 것이다. 즉 탁자 위에 엎어 놓은 카드를 알아볼 수 있는 능력은, 다른 마음에 존재하는 생각을 '읽는' 능력과 같다는 것이다.

그리고 그 재능을 발휘하는 데는 스크린이나 벽, 거리 등 그 어느 것도 문제가 되지 않는다고 한다.

더불어 라이트 박사는 다른 초감각적 경험, 예언적 꿈, 재난의 예감 등도 텔레파시나 투시력과 같은 하나의 재능이라고 결론 내리고 있다. 이 책의 독자들에게 무리하게 이 결론을 받아들이라고 요구하지는 않겠지만, 라인 박사의 주장은 흥미진진한 것이라고 하겠다."

코치의 질문

잠시 눈을 감고 심호흡을 한 후, 마음을 가다듬고 다음의 각 질문에 자신의 답변을 적어보시기 바랍니다.

◆ 자신의 뇌가 하나의 방송국이라면, 평소에 주로 어떤 생각을 송출하고 있을까?

◆ 그 생각을 지속하면 어떤 기분이 드는가?

◆ 그 기분이 지속되면 어떤 행동을 하게 되는가?

◆ 그 행동을 지속하면 어떤 결과를 얻게 되는가?

◆ 그 결과는 자신이 원하는 결과인가?

◆ 진정으로 자신이 원하는 결과는 무엇인가?

◆ 그 결과를 이미 얻었다면 어떤 기분이 들까?

◆ 그 기분 상태로 그 결과를 얻은 사람은 어떤 긍정적인 생각이나 신념이 있을까?

◆ 그 기분과 그 생각을 충분히 가진 사람은 어떤 행동을 할까?

◆ 그 생각과 행동을 지속적으로 반복하는 사람들은 어디에서 만날 수 있을까?

◆ 어떤 경로를 통하면 그 사람들을 만날 수 있을까?

제12법칙

육감을
활용해야 한다

| 부자가 되기 위한 생각 |

◆ 육감은 창조적 상상력이라고 일컬어지는 잠재의식의 일부분이다. 또한 이것은 아이디어와 계획, 생각이 마음속에 번뜩이는 수신국이다.

◆ 육감은 인간의 유한한 마음과 무한지성 사이의 매개체이며, 정신적, 영적 양쪽이 혼합된 것이다.

◆ 육감은 마음대로 입거나 벗을 수 있는 것이 아니다. 이 위대한 힘을 사용할 수 있는 능력은 이 책에 요약된 다른 원리들을 적용했을 때 천천히 찾아온다.

◆ 육감과 밀접한 관계가 있는 영적인 힘은 수년간의 명상이나 자기성찰, 진지한 생각을 통해서만 무르익고, 비로소 사용할 수 있게 된다.

◆ 모든 성과의 출발점은 야망이다. 결론은 자신과 다른 사람에 대한 이해, 자연의 법칙에 대한 이해, 행복에 대한 인식과 이해로 이어지는 지식의 융합이다.

육감의 실체

▶━━━━━━━━━━━━━━━ '12번째 법칙'은 '육감'이라고 하는 것인데, 우리가 노력하거나 간절히 원하지 않아도 자유자재로 우리의 무한지성과 소통할 수 있다.

육감은 앞서 이 책에서 제시한 법칙들을 이해해야만 설명이 가능할 것이다.

육감은 창조적 상상력이라고 일컬어지는 잠재의식의 일부분이다. 또한 이것은 번뜩이는 아이디어와 생각을 포착하는 수신국이기도 하다. 육감은 다른 말로 예감 또는 영감이라고도 한다.

그러나 성공철학에 대한 법칙을 터득하지 못한 사람에게는 육감을 말로 표현할 수가 없다. 그런 사람들은 육감과 유사한 체험을 한 적도 없고 밑바탕이 될 만한 지식도 없기 때문이다. 육감에 대한 이해는 내면의 정신 발달을 통한 명상에 의해 이루어진다.

육감은 인간의 한정된 마음과 무한한 지성 사이의 매개체이며, 이런 이유 때문에 정신적, 영적 양쪽이 혼합된 것이다. 인간의 마음이 우주의 마음과 접촉하는 지점이라고 생각하면 된다.

나는 대자연이, 자신이 창조한 법칙에서 벗어나지 않는다는 것을 잘 알고 있다. 그렇다고 해서 '기적'을 신봉하지도 않으며 옹호하지도 않는다. 그러나 대자연의 법칙 중 일부는 너무 이해하기 어려워서 기적으로 보일 만한 것을 만들어내기도 한다.

육감은 내가 경험한 그 어떤 것보다도 기적에 가깝지만, 단지 그 원리가 작용하는 방법을 모르기 때문에 그렇게 나타나고 느낄 수도 있을 것이다.

필자는, 물질의 모든 원자에 스며들어 인간이 감지할 수 있도록, 에너지의 모든 힘을 포용하는 영적 존재의 힘이 있다는 것을 알고 있다.

그리고 그 무한의 지성이 도토리를 참나무로 변환시키고, 중력의 법칙에 따라 낮은 곳으로 물을 흐르게 하고, 낮과 밤, 여름과 겨울이 각각 질서정연한 관계를 유지하도록 한다. 그리고 이 무한의 지성은 소망을 물질적인 것으로 실현하도록 도와줄 수 있다는 것이다.

당신은 차근차근 이전 장들을 통해 여기, 즉 마지막 장까지 인도되었다. 앞의 법칙들을 하나하나 익혀왔다면, 이제 당신은 여기서 말하는 것들을 의심하지 않고 받아들일 것이다.

만약 당신이 다른 법칙들을 마스터하지 못했다면, 이번 장에서 제기하는 주장이 사실인지 허구인지 확실히 판단할 수 없을지도 모른다.

위대한 인물들의
소환

▶───────────── 영웅숭배를 하던 시절, 나는 내가 가장 존경하는 사람들을 흉내 내려고 애를 썼다. 더욱이 내가 우상들을 본받으려고 노력했던 태도는 보이지 않는 힘이 되어 나 자신에게 능력을 부여하는 효과적인 방법이기도 했다.

비록 내가 아직까지도 그런 영웅숭배 습관을 완전히 떨쳐버린 것은 아니지만, 그러한 태도는 자신을 돋보이고 자기암시를 받는 효과적인 방법이라는 것을 깨달을 수 있었다.

예전에 나는 내가 쓴 글을 발표하려고 했을 때 문득 나의 그러한 습관(영웅숭배 습관)이 떠올랐다. 그리하여 인생에서 가장 인상적이고 감동적이었던 9명을 흉내 냄으로써 내 성격을 바꾸어 보려 했다.

이 9명은 바로 에머슨(시인이며 사상가), 페인(철학가), 에디슨(발명가), 다윈(진화론자), 링컨(정치가), 버뱅크(원예가), 나폴레옹(황제), 포드(자동차왕), 카네기(철강왕)였다.

1년 이상에 걸쳐 나는 '보이지 않는 상담가'라고 할 만한 이들과 상상 속에서 회의를 하고는 했다. 과정은 이러했다.

밤에 잠들기 직전, 나는 눈을 감고, 상상 속에서, 나와 함께 테이블에 둘러앉은 이 위대한 인물들과 회의를 했다. 여기서 나는 내가 위대하다고 생각하는 사람들 사이에 앉을 수 있는 기회를 얻었을 뿐 아니라, 실제로 회의를 진행하든 동안 의장이 되었다.

나는 이 밤샘 회의를 통해 아주 확실한 목적을 가지고 있었다. 그 목적은 상상 속 위대한 인물들의 개성을 합성함으로써, 나라는 사람 자체를 완전히 재구성하고 싶었던 것이다.

일찍이 무지와 미신의 환경에서 출생하고 자란 나는, 핸디캡을 극복해야 한다는 것을 깨달았고, 여기서 설명하는 방법들을 통해 의도적으로 자발적 재탄생이라는 방법을 사용했던 것이다.

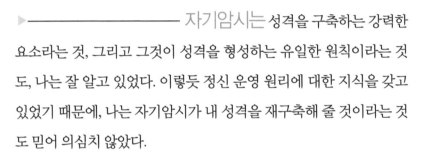

영광스런 모험의 길

자기암시는 성격을 구축하는 강력한 요소라는 것, 그리고 그것이 성격을 형성하는 유일한 원칙이라는 것도, 나는 잘 알고 있었다. 이렇듯 정신 운영 원리에 대한 지식을 갖고 있었기 때문에, 나는 자기암시가 내 성격을 재구축해 줄 것이라는 것도 믿어 의심치 않았다.

이러한 상상 속의 회의에서 나는 각 인물들에게, 필요한 정보나 지식을 받아들이려고 했다.

"에머슨 씨, 나는 당신의 인생을 시의 세계로 이끈 대자연에 대한 놀라운 신비를 알고 싶소. 당신에게 자연의 법칙을 이해하고 적용할 수 있게 해준, 당신의 그 어떤 자질이든지 당신이 받았던 깊은 인상을 내 잠재의식에 심어줄 것을 부탁합니다."

"버뱅크 씨, 당신은 어떻게 선인장이 가시를 떨쳐내고 먹을 수 있는 음식재료가 되게 한 대자연의 법칙을 나에게 알려 주십시오. 전에는 외떡잎이 자라던 곳에서 쌍떡잎 식물을 길러내고 마침내 꽃의 색깔을 더 화려하게 할 수 있었는지 알려주시기 바랍니다."

"나폴레옹 씨, 당신은 사람들을 감동시켜 용기를 주고, 그들이 결연히 일어나 용감하게 싸우도록 한 놀라운 능력의 소유자입니다. 나는 패배를 승리로 바꾸고, 그 숱한 장해물을 극복할 수 있었던 신념의 정신을 배우고 싶습니다. 운명의 황제, 기회의 왕인 당신에게 경의를 표합니다."

"페인 씨, 나는 당신에게 사상의 자유와 확신을 표현할 수 있는 용기와 사람을 따르게 하는 그 명쾌함을 알고자 합니다."

"다윈 씨, 어떠한 선입관과 편견에도 굴하지 않고 자연과학 분야에서 인과법칙에 대해 당신이 보여준 놀라운 인내심과 능력을 얻고 싶습니다."

"링컨 씨, 당신의 확실한 특징인 예리한 정의감, 지칠 줄 모르는 인내심, 유머 감각, 인간에 대한 이해심, 관용의 마음을 본받고 싶습니다."

"카네기 씨, 내가 선택한 일생의 일에 대해, 나는 이미 당신에게 신세를 지고 있습니다. 그것은 나에게 큰 행복과 마음의 평화를 가져다주었습니다. 나는 당신의 위대한 성공철학을 알고 싶습니다."

"포드 씨, 당신은 내 집필 작업에 꼭 필요한 재료를 제공해 준 사람 중 가장 많은 도움을 주었습니다. 가난을 극복하고, 조직하고, 통합하고, 단순화할 수 있게 해준 당신의 끈기 있는 정신, 결단력, 침착함, 그리고 자신감을 얻고 싶습니다. 나는 다른 사람들이 당신의 발자취를 따를 수 있게 도우려고 생각하고 있습니다."

"에디슨 씨, 나는 당신으로부터 신념의 놀라운 정신을 배우고자 합니다. 당신은 수많은 자연의 비밀을 밝혀냈으며, 당신이 실패로부터 승리를 얻어냈던 끊임없는 노력의 정신을 얻고 싶습니다."

상상 속의 인물들에게 설명하는 방법은, 이루고 얻고자 하는 것의 성격에 따라 달라질 것이다.

나는 정성껏 그들의 인생 기록을 연구했다. 이 야간 회의 과정을 마치고 몇 달 후, 나는 이 상상 속의 인물들이 명백히 현실의 눈앞에 나타났다는 사실을 발견하고 놀라워했다. 그리고 그 9명의 인물들이 각각 독특한 개성을 가지고 있다는 사실에 놀라워했다.

예를 들어, 링컨은 지각하고 난 뒤에는 엄숙하게 걷는 습관이 있었다.

그는 늦게 왔을 때, 손을 뒤 허리춤에 모아 꼭 잡은 뒤, 아주 천천히 걸으면서 이따금씩 멈추고는 내 어깨에 손을 얹기도 했다. 표정은 항상 진지해 보였다. 나는 그가 웃는 모습을 거의 보지 못했다. 산산이 갈라진 나라의 어려운 사정이 그를 가라앉게 만든 것이다.

다른 사람들은 그렇지 않았다. 버뱅크와 페인은 종종 다른 사람에게 자극을 주기 위해 재치 있는 대화를 하기 시작했다.

한번은 버뱅크가 지각을 하고 들어왔는데 열정에 들떠 있었다. 자신이 하는 실험 때문에 늦었다고 해명하며 어떤 종류의 나무에서도 사과를 재배할 수 있기를 희망하는 실험이었다고 한다.

그러자 페인이 놀리듯이 말했다.

"그럼 남녀 간의 문제가 모두 사과 때문이라는 건가?"

이번에는 다윈이 웃으며 끼어들었다.

"사과를 따러 숲으로 들어갈 때는 직은 뱀도 조심하게나, 작은 뱀도 언젠가는 자라 큰 뱀으로 자라거든."

에머슨도 한마디 거들었다.

"내 관찰한 바에 따르면 뱀이 없는 곳에는 사과도 없다."

그러자 나폴레옹은 뒤질세라 한마디 했다.

"사과가 없는 곳에 국가도 없다."

링컨은 회의 후 항상 마지막에 테이블을 떠나는 습관이 있었다. 한번은 팔짱을 낀 채 탁자 끝에 기대어 몇 분 동안 그 자세로 있었다. 나는 그를 방해하려고 하지 않았다. 마침내 그가 천천히 고개를 들어 문으로 걸어갔다가 돌아서더니, 다시 돌아와 내 어깨에 손을 얹고 말했다.

"이보게, 삶의 목적을 관철하기 위해 변함없이 인내하려면 많은 용기가 필요할 걸세. 하지만 기억하게. 어려움이 닥칠 때 사람들은 상기한다는 사실을. 역경이 그것을 빛내 줄 거라네."

어느 날 저녁 에디슨은 다른 사람들보다 가장 먼저 도착했다. 그는 에머슨이 자주 앉던 내 왼쪽으로 와서 자리에 앉았다.

"인생의 비밀을 발견하게 될 운명이군. 아마 때가 되면 삶은 인간이 생각하는 것 이상으로 지적이고 거대한 에너지의 덩어리, 즉 실체를 갖추고 있다는 걸 관찰하게 될 것이오."

다른 사람들도 회의를 시작했다. 에디슨은 일어나서 천천히 자기 자리로 갔다.

이 일이 일어났을 때만 하더라도 에디슨은 여전히 살아 있었다. 상상 속의 회의에 너무나 감명을 받은 나는 에디슨에게 가서 내 경험담을 들려주었다. 그러자 에디슨은 활짝 웃으며 "당신의 꿈은 상상보다 더 현실적이군." 하고 말했다. 그리고는 더 이상의 설명을 덧붙이지 않았다.

이러한 회의는 너무나 현실적이어서 결과가 두려워진 나는 몇 달

동안 회의를 중단했다.

그 경험들은 정말로 기괴했고, 회의를 계속한다면 내 상상 속의 경험이란 사실마저 잊어버릴 것 같았다.

연습을 중단한 지 약 6개월 후 어느 날 밤 깨어났거나, 혹은 비몽사몽이었을 때 내 머리맡에 링컨이 서 있는 모습을 보고 깜짝 놀랐다.

그는 이렇게 말했다.

"세상은 곧 당신의 봉사를 필요로 할 것이오. 사람들이 신념을 잃고 공황상태에 빠지는 혼돈의 시기를 겪게 될 것이오. 멈추지 말고 성공철학을 완성하시오. 그것이 당신 인생의 사명이오."

다음 날 아침, 꿈을 꾸었는지 아니면 실제로 깨어 있었는지 분간이 되지 않았다. 그 후에도 그게 무엇인지는 알 수 없었지만, 꿈이라면 그 꿈이 너무도 생생했기에, 다음 날 밤 다시 회의를 시작했다는 것만은 알고 있다.

다음 날 회의에서, 내가 선정한 9명의 위대한 인물들이 모두 함께 방으로 들어와 익숙한 자리에 앉았다. 링컨은 잔을 들어 "여러분, 다시 돌아온 우리 친구를 위해 건배합시다."라고 했다.

그 이후, 나는 회의에 새로운 구성원을 추가하기 시작했다.

50명 이상으로 구성되어 있는데, 그중에는 그리스도, 성 바울, 갈릴레오, 코페르니쿠스, 아리스토텔레스, 플라톤, 소크라테스, 호머, 볼테르, 브루노, 스피노자, 드럼몬드, 칸트, 쇼펜하우어, 뉴턴, 공자,

엘버트 허바드, 브란, 잉거솔, 윌슨 및 윌리엄 제임스 등으로 구성되었다.

이 말을 꺼낼 용기가 생긴 것은 이번이 처음이다. 지금까지 이 문제에 있어 내가 겪은 특이한 경험을 말하면 오해받을 걸 알았기 때문에 조용히 있었다. 하지만 나는 지금 인쇄된 책에 내 경험을 말하기 위해 용기를 낸 것이다. 왜냐하면 이제 그들이 말하는 것에 대해 걱정하지 않고, 흘려보낸 세월도 오래되었기 때문이다.

성숙함의 축복 중 하나는 이해하지 못하는 사람이 무엇을 생각하거나 말하는지에 상관없이, 때때로 진실한 사람이 되는 데 큰 용기를 준다는 점이다.

더는 오해받고 싶지 않아서 나는 여기서 단호하게 말하고 싶다.

나는 여전히 그 회의를 순전히 허구적인 것으로 간주하고 있다. 그러나 그 회의 인물들이 순수하게 허구이며 나의 상상 속에서만 존재할 수 있지만, 그들은 나를 영광스러운 모험의 길로 인도해 주었다. 진정으로 위대함에 대해 이해할 수 있었고, 창의적인 생각과 더불어 어떤 삶을 살아가야 하는지를 일깨워주었다.

육감의 활용

▶─────────────── 뇌의 세포 구조 어딘가에는 보통 '육감'이라고 하는 생각의 진동을 받는 기관이 있다. 지금까지 과학은 육감의 기관이 어디에 있는지 알지 못했지만 그건 중요하지 않다. 인간은 육체적 감각 이외의 다른 원천을 통해 여러 가지 정보를 얻는다는 사실이 여전히 남아 있기 때문이다. 이러한 육감을 통한 정보는 일반적으로 마음이 특별한 자극을 받을 때 받아들인다. 감정이 흥분되고 심장이 정상보다 더 빠르게 뛰게 하는 긴장 상태는 더 빠르게 육감을 불러일으킨다.

운전 중에 겨우 사고를 모면한 적이 있는 사람이라면, 종종 자신을 구하고 사고를 피하는 데 있어 육감이 도움이 되었다는 사실을 알고 있을 것이다.

나는 실제로 '보이지 않는 위대한 인물들'과의 회의 중, 내 정신이 육감을 통해 여러 가지 정보나 시사를 수용해주었다고 할 수 있다.

상상 속의 위인들과 회의를 개최한 내 본래의 목적은, 자기암시의 원리를 통해 내 잠재의식을 자극하여 어느 특별한 성격을 몸에 익히고자 한 것이었다.

그러나 최근 몇 년 동안 내 실험은 완전히 다른 방향으로 전개되기 시작했다. 나는 이제 내 어려운 문제뿐만 아니라 내 고객들이 직면한 모든 어려운 문제들을 가지고 상상 속의 위인들과 교신을 한다. 그러면 비록 내가 전적으로 그들에게 의존하는 것은 아니지만 그들이 가져다주는 결과는 종종 놀랍기만 한다.

물론 당신은 이번 장이 대부분 사람에게는 익숙하지 않은 주제라는 것을 알고 있다.

육감은 막대한 부를 축적하는 것이 목표인 사람에게는 유익하고 큰 관심이 될 만한 주제이다. 하지만 별로 야망이 없는 사람들에게까지 관심을 끌고 싶지는 않다.

육감은 옷처럼 마음대로 입거나 벗을 수 있는 것이 아니다. 그 힘을 사용할 수 있는 능력은 이 책에 요약된 다른 법칙들을 적용했을 때 천천히 찾아온다.

40세 이전에 육감에 대한 실용적 지식을 얻는 사람은 드물다. 어떤 경우 그 지식은 50세가 훨씬 넘어야 비로소 이용할 수 있는데, 이 육감과 밀접한 관계가 있는 영적인 힘은 수년간의 명상이나 자기성찰, 진지한 생각을 통해서만 성숙하고, 비로소 사용할 수 있기 때문이다.

당신이 누구든, 혹은 이 책을 읽는 목적이 무엇이었든 간에, 당신은 이제까지 기술된 법칙들을 이해하지 않고서는 아무런 이익을 얻을 수 없을 것이다. 특히 당신의 주요 목표가 돈이나 다른 물질적인 것의 축적이라면 더욱 그렇다.

모든 성과의 출발점은 야망이다. 그리고 종착지는 자신과 다른 사람에 대한 이해, 대자연의 법칙에 대한 이해, 행복에 대한 인식과 이해로 이어지는 지식의 융합이다.

이러한 이해는 오직 육감의 원리에 대한 친숙함과 사용을 통해서만 가능한 것이다.

이 장을 읽는 동안에 당신은 높은 수준으로 정신적 자극이 끌어 올려졌다는 것을 느낄 수 있었을 것이다. 그렇다면 참 좋은 일이다. 지금부터 한 달 후에 이 책을 다시 한번 더 읽어보고, 당신의 마음이 여전히 더 높은 수준의 자극까지 치솟는 것을 체험해보기 바란다.

이를 수시로 반복하면서 그때마다 얼마나 더 배웠고, 배우지 않았음을 걱정할 필요는 없다. 결국은 실패에 따른 두려움을 극복하고 인내하며, 자유롭게 상상력을 이끌어낼 수 있는 힘을 갖게 될 것이다. 그러면 당신은 모든 위대한 사상가, 예술가, 음악가, 작가 등의 정신이었던 '그 무언가'의 힘을 느낄 것이다.

그리고 당신은 당신의 야망을 금전이나 다른 물질로 쉽게 전환시킬 수 있는 위치에 서게 될 것이고, 그 어떤 장애라도 쉽게 극복하게 될 것이다.

잠시 눈을 감고 심호흡을 한 후, 마음을 가다듬고 다음의 각 질문에 자신의 답변을 적어보시기 바랍니다.

◆ 자신의 육감이 발휘된 사례가 있다면 언제쯤이었을까?

◆ 육감이 발휘된 것이라고 느끼는 이유가 있다면 무엇일까?

◆ 자신이 고민하고 있는 문제는 무엇인가?

◆ 그 문제에 대해 도움을 줄 수 있는 3명 이상의 멘토를 정한다면 누구일까?

◆ 그 멘토들 각자에게 조언을 구하면 어떤 말을 해줄까?

◆ 멘토들의 조언을 바탕으로 먼저 실행에 옮기고 싶은 행동은 무엇인가?

행동과 실천

두려움의
극복과
자기 분석

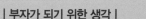

| 부자가 되기 위한 생각 |

◆ 여기서는 모든 낙담이나 소심함, 미루기, 무관심, 우유부단, 야망,
  자립심, 진취성, 자제력, 열정의 결여에 대한 원인이 되는 여섯 가
  지 두려움에 대해 자세히 설명할 것이다.

◆ 이 여섯 가지의 적들은 오직 잠재의식 속에만 존재하기 때문에, 이
  들의 존재를 발견하기 어려울 것이다. 이 때문에 이 여섯 가지의
  적들을 연구하면서 자신을 주의 깊게 탐색해 보아야 한다.

◆ '두려움이라는 여섯 가지 유령들'을 분석하면서, 이것들은 오로지
  마음속에만 존재하기 때문에 유령일 뿐이라는 점도 기억하라.

◆ 또한, 통제하지 못한 상상력으로 만들어낸 유령으로 인해, 자신의
  마음에 피해를 초래했다는 사실도 기억하라. 이처럼 유령은 마치
  물리적으로 지상에서 살고 걷고 있는 것처럼 위험할 수도 있다.

마음이 받아들일 준비가
되어 있어야 한다

▶──────────── 이 장을 읽는 대로 목록을 작성하고 얼마나 많은 '유령'이 당신 앞을 가로막고 있는지 알아보자.

이 인생의 성공철학을 효과적으로 활용하기 전에, 당신의 마음이 받아들일 준비가 되어 있어야 한다. 준비는 어렵지 않다. 그것은 당신이 제거해야 할 세 가지의 적에 대해 연구하고, 분석하고, 그리고 이해하는 것에서 시작된다.

그것들은 우유부단, 의심, 두려움이다!

이 세 가지의 부정적인 요소 중 어느 하나만 마음속에 남아 있어도 육감은 제 기능을 발휘하지 하지 못한다. 이 불성실한 3인방은 서로 밀접한 관계가 있어서, 하나가 발견되면 반드시 가까운 곳에 다른 둘이 있다.

우유부단은 두려움의 씨앗이다. 당신이 읽은 그대로다. 우유부단은 의심을 촉발하는데, 이 둘이 어우러져 두려움이 된다. 보통 이렇게 하여 두려움이 커지는데 그 과정은 매우 느리다. 그런데 우리는 이 세 가지 적들이 그토록 위험한 것이라고 깨닫지 못한다. 이들은 발아한 뒤 자신들도 식별하지 못하는 사이에 어느새 크게 자라는 것이다.

따라서 성공철학을 효과적으로 활용하기 전에 두려움에 대한 상세한 연구를 할 필요가 있다.

여기에서는 6가지 기본 두려움의 원인과 치유법에 주목하고 있다. 적을 퇴치하기 위해서는 그전에 먼저, 명칭과 습관, 장소를 알아야 한다. 여러분은 이 부분을 읽으면서 주의 깊게 자신을 살펴보고, 6가지의 두려움 중에서 어느 것이 자신에게 잠재해 있는지 확인해야 한다.

이 미묘한 적들에게 현혹되면 안 된다. 때때로 이들은 찾아내기 어려운 잠재의식 속에 잠복해 있을 때도 있고, 더 깊이 숨어 있어서 찾기 어려운 경우도 있다.

◆ ◇ ◆

6가지의
기본 두려움

▶─────────────── 두려움에는 기본적으로 6가지가 있는데, 그중 어떤 것은 모든 인간이 한 번 이상은 고통을 겪는다. 이 6가지 전체 중 하나라도 겪어보지 않은 사람은 운이 좋은 사람이다. 가장 일반적인 모양의 순서로 명명하면 다음과 같다.

- ◆ 빈곤에 대한 두려움
- ◆ 비판에 대한 두려움
- ◆ 질병에 대한 두려움
- ◆ 실연에 대한 두려움
- ◆ 노화에 대한 두려움
- ◆ 죽음에 대한 두려움

이 중에서 빈곤, 비판, 질병에 대한 두려움은 사람들을 괴롭히는 가장 큰 원인이다. 다른 두려움은 그다지 중요하지 않다. 또한 그것들은 이 6가지의 목록 아래 분류될 수 있다.

세상에 대한 저주로써 이 두려움은 더 확산하고 순환한다. 대공황이 지속되는 거의 6년 동안, 우리는 가난에 대한 두려움의 순환 속에서 허덕였다. 그리고 세계 대전 동안, 우리는 죽음에 대한 공포에 휩싸여 있었다. 종전 후 우리는 전 세계로 퍼진 전염병에서 보았듯이 질병과 건강에 대한 두려움으로 몸을 떨어야 했다.

그러나 두려움은 마음의 상태에 지나지 않는다. 그리고 마음의 상태라는 것은 항상 무엇인가에 의해 통제와 지시를 받는다. 누구나 알고 있듯이 의사는 질병에 의한 공격에 덜 취약하다. 의사는 일반인들과 달리 병을 두려워하지 않기 때문에, 두려움이나 망설임 없이 매일 수많은 사람과 접촉하며 감염되지 않고 치료할 수 있다. 질병에 대한 의사들의 면역은, 전부라고 할 수는 없지만, 대체로 그들이 절대적 두려움에 굴하지 않는 데에 있다.

우리는 어떤 사람들이 왜 행운아인 것처럼 보이는지 이해하지 못한다. 반대로 훈련, 경험, 뇌의 능력이 같거나 더 좋은 사람들이 불행을 겪게 되는지도 알지 못한다. 여기서 우리는 매우 중요한 사실을 알 수 있다.

모든 사람은 자신의 마음을 완전히 통제할 수 있는 능력을 가지고 있다는 것이다. 그리고 이 통제력을 통해 다른 뇌에서 발산하는 번뜩이는 아이디어에 마음을 열어 이용하거나, 마음의 문을 닫고 자신의 아이디어만을 수용할 수 있다는 것이다.

만약 모든 생각을 물질적으로 현실화하는 힘이 내포되어 있다면 (이는 의심할 수 없는 사실임), 두려움과 빈곤에 대한 사고도, 물질적으로 전환할 수 있다는 것으로 해석할 수 있다.

1) 빈곤에 대한 두려움

빈곤과 부 사이에는 타협이 있을 수 없다. 가난으로 가는 길은 부로 가는 길의 반대 방향으로 간다. 부를 원한다면 가난을 향해 나아가는 어떤 상황도 받아들이지 말아야 한다.

부로 이어지는 길의 출발점은 간절한 소망이다.

앞에서 당신은 야망의 적절한 사용에 대한 모든 가르침을 받았다. 이 장에서는 두려움에 대해, 야망을 실용적으로 활용하기 위한 마음의 준비를 위한 완전한 지침이 제공될 것이다.

만약 당신이 부를 요구한다면, 당신을 만족시키기 위한 금액이 얼마인지를 확실히 결정해야 한다. 당신은 부자가 되는 길을 알고 있지 않은가. 만약 그 길을 충실하게 따라간다면 반드시 부가 주어질 것이다. 출발을 게을리하거나 도착하기 전에 멈춘다고 해도 아무도 당신을 탓할 사람은 없다. 다만 책임은 당신의 것이다.

당신이 부의 세계를 부정하고 도중에 실패해서 좌절하거나 변명하더라도 아무런 소용이 없다. 왜냐하면 부는 오직 한 가지, 즉 마음속으로부터 진지하게 돈을 소유하겠다는 마음의 상태인 사람에게만 주어지는 것이기 때문이다.

마음의 정신 상태는 스스로 만드는 것이다. 그것은 그 어느 곳에서도 구할 수 없으며 반드시 스스로 만들어내는 것이다.

가난에 대한 두려움도 마음의 상태이며 다른 것은 없다. 그러나 그것은 어떤 비즈니스에서든 성취할 수 있는 기회를 앗아가기에 충분하다.

그리고 빈곤에 대한 두려움은 의심의 여지없이 6가지 기본 두려움 중 가장 파괴적이며 극복하기도 가장 어렵다.

빈곤에 대한 두려움은 자신의 동료조차 경제석 제물로 삼으려는 인간의 유전적 경향에서 비롯되었다. 인간보다 하위에 있는 거의 모든 동물들은 본능에 의해 행동하지만 생각하는 능력은 제한적이기 때문에 서로를 잡아먹는다.

그러나 인간은 뛰어난 직관력과 사고력, 이성을 지닌 동물이어서 동료를 잡아먹지 않고, 경제적 제물로 삼음으로써 자신의 이익을 얻는다.

우리가 알고 있는 우리의 역사 중에서, 현재 이 시대는 인간의 돈에 대한 황포가 그 어느 때보다도 심한 것 같다.

은행 계좌를 보여주지 못하는 사람은 한 줌의 티끌보다 못한 것으로 여겨진다. 하지만 돈이 있다면 그 사람은 세상 위에 군림한다. 그는 법 위에 있으며 정치에 관여하고, 비즈니스는 물론 그가 지나는 곳에서는 사람들이 고개를 숙여 경의를 표한다. 가난만큼 인간에게 많은 고통과 굴욕, 겸손을 강요하는 것은 없다. 가난을 경험한 사람들만이 이 말의 참뜻을 이해할 것이다.

그리하여 인간은 부를 소유하고자 하는 열망이 너무 강하기 때문에, 필요하다면 어떤 방법을 통해서라도 부를 획득하려 한다.

그러나 부를 거머쥐고자 하는 소망이 간절하다면 먼저 자기 자신을 돌아보며 자기분석을 해야 한다.

자기분석은 인정하고 싶지 않은 약점까지 드러낼 수 있다. 하지만 비참하고 빈곤한 삶에서 벗어나고자 한다면 용기를 가지고 당당하게 맞서야 한다.

자기분석은 당신 자신이 재판관이자 판사이며 검사가 되어야 한다. 여러분이 재판을 받고 있다는 것을 상상하면 될 것이다. 사실을 직시해야 한다. 자신에게 확실한 질문을 던지고 직접 답변을 해보자. 이러한 자기분석이 끝나면 자신에 대해 더 많이 알게 될 것이다. 만일 자신이 솔직하지 못할 것이라고 생각된다면 당신을 잘 아는 친구가 입회해도 괜찮을 것이다.

대부분 사람은, 가장 두려워하는 것이 무엇이냐고 물으면 '난 아무것도 두렵지 않다.'라고 대답할 것이다. 이 대답은 명확하지 않을 것이다. 왜냐하면 많은 사람들은 자신이 어떤 형태의 두려움에 구속되고, 장애를 느끼고, 정신적이나 육체적으로 채찍질을 당하고 있는지 거의 모르기 때문이다.

너무나 미묘하고 깊은 곳에 자리 잡고 있는 것이 두려움의 감정이

어서, 그 존재를 전혀 인식하지 못하지만, 그로 인해 자신도 모르는 사이에 얼마나 손해를 보고 있는지도 자각하지 못할 것이다.

용기 있는 자기분석만이 두려움의 존재를 드러낼 수 있을 것이다.

다음은 빈곤의 공포에 대한 증상들이다.

◆ 무관심

흔히 원대한 야망이 없으며 기꺼이 가난을 관조하며 감수한다. 정신적 육체적으로 게으르고, 결단력, 상상력, 열정이 부족하며 우유부단하다. 어떤 일이든지 흥미가 없으며 자제력도 없다.

◆ 변명과 자립심 결여

일반적으로 자신의 실패를 은폐하거나 변명하기 위해 자기만의 알리바이를 만들어낸다. 때로는 성공한 사람에 대해 부러움을 나타내기도 하지만 비판함으로써 자기 만족을 얻는다. 때로는 약물이나 알코올을 남용하기도 하며 신경질적이다. 자의식 및 자립심도 부족하다

◆ 부정적 습관

모든 상황에서 부정적인 면을 찾고, 실패의 가능성만 생각하고 말하는 습관. 뻔히 실패할 줄 알고 있으면서도 이를 피하기 위한 계획은 절대 세우지 않는다. 아이디어와 계획을 짜놓고서도 아예 시작도 하지 않으면서 '적절한 시기'를 기다리는 것. 그리고 실패한 사람들을 기억하고 성

공한 사람들을 잊는다. 이런 사람은 모든 것에 비관적이어서 소화불량, 변비, 호흡 곤란, 체질 약화 등의 증세가 나타난다.

◆ 미루는 버릇

오늘 할 일을 내일로 미루는 나쁜 습관이다. 일은 하지 않으면서 변명이나 핑계만을 생각한다. 이 증상은 과민반응, 의심, 걱정과 밀접한 관련이 있다. 책임을 회피하거나 잘못을 인정하지 않는다. 불의에 맞서 싸우기보다는 타협을 한다.

또한 실패를 극복하고 도약하기 위한 디딤돌로 삼기보다는 이를 인정하며 타협한다. 번영, 풍요, 부와 만족, 행복을 원하는 대신, 그 어떤 대가를 치르더라도 흥정하려 한다.

나약하고 자신감이 없으며 목표도 명확하지 않다. 자제력도 없으며 주도권, 열정, 야망도 없다. 이런 사람들은 부를 갈망하는 사람들 대신에 빈곤을 받아들이는 사람들과 교제한다.

돈 이야기

어떤 사람들은 '왜 돈에 관한 책을 썼느냐. 왜 행복을 돈으로 환산하느냐.'라고 묻는다.

그렇다. 돈으로 행복을 따질 수는 없다. 그러나 '나에게 필요한 돈을 준다면, 훨씬 더 행복하다.'라고 말하는 사람도 많다.

내가 돈을 버는 방법에 대해 책을 쓴 주된 이유는 세상에 수백만 명의 사람들이, 최근 빈곤의 공포에 떨면서 살고 있기 때문이다.

이러한 두려움이 사람들에게 어떤 영향을 미치는지 뉴욕 월드 텔레그램의 웨스트브루크 페글러에 의해 잘 묘사되었다.

"돈이라는 것은 단지 쇠붙이나 종잇조각일 뿐이며 돈으로 살 수 없는 마음의 보물도 있다. 하지만 사람들이 빈곤에 처하게 되면 마음의 영혼 따위는 생각할 겨를이 없다. 따라서 어떤 사람이 실직한 후 전혀 일을 찾을 수 없을 때, 그에게 어떤 일이 일어나는지 관찰할 수 있다. 축 늘어진 어깨와 걸음걸이, 그리고 풀려버린 시선을 볼 수 있을 것이다. 비록 그 사람은 자신의 성격이나 지성, 능력 면에서 타인과 뒤지지 않는다는 것을 알고 있지만, 직장을 가진 사람들에 대한 열등감은 피할 수 없다. 심지어 친구들조차도 무의식적으로 낙오자로 간주할지 모른다. 그 사람은 생계를 위해 잠시 돈을 빌릴 수도 있겠지만 계속 이어나가기에는 충분하지 않을 것이다. 사람이 단지 먹고살기 위해 돈을 빌릴 때는 큰돈을 빌릴 수 없으며, 그 사람의 영혼까지 되살리기에는 턱없이 부족한 돈이다. 그런 그 사람이 운 좋게도 다시 일어선다 해도 그때까지는 절망과 좌절의 시간을 보내지 않을 수 없다. 이토록 큰 타격을 주는 것이 바로 돈이다. 많지는 않더라도 그 사람에게 안정된 직장과 수익이 보장된다면 그 사람은 다시 본래의 제 모습으로 돌아갈 것이다."

2) 비판의 두려움

인간이 언제부터 이 두려움을 겪어왔는지는 아무도 분명히 말할 수 없을 것이다. 다만 한 가지 확실한 점은, 오늘날 이 비판에 대한 두려움은 사람들의 마음속에 깊이 자리 잡고 있다는 것이다. 일부에서는 이 두려움이 정치가 직업이 되었을 때 출현한 것으로 보기도 한다.

비판에 대한 기본적인 두려움은 유전적 본성에서 기인한다고 생각한다. 간단하게 말해, 동료의 물건을 빼앗고도 그를 비판함으로써 자신의 행동을 정당화하려는 경향이 있다고 보는 것이다. 도둑이 도둑질을 하고서도 오히려 도둑맞은 사람을 욕한다는 것은 잘 알려진 사실이다. 정치인들은 자신의 덕목과 자질을 과시하는 것이 아니라, 상대방을 비방함으로써 대내외에 자신을 어필하려 한다.

비판에 대한 두려운 마음은 상대에게 주도권을 빼앗기고, 상상력이 파괴되며, 개성이 억압되고, 자립심을 잃어버리게도 한다. 비판은 그 밖에도 수많은 해를 끼치고 있다. 부모들은 종종 자녀들을 비판함으로써 자식들에게 얼마나 큰 상처를 주는지 모른다.

내 소년 시절, 한 친구의 어머니는 거의 매일 하루 건너서 벌을 주고는 했는데, 그때마다 항상 "너는 스무 살이 되기 전에 감방에 갈 거다."라는 말을 하고는 했다. 그 친구는 열일곱 살에 소년원으로 보내졌다.

비판은 누구나 하고 싶어 하는 경향이 있다. 누구나 비판할 수 있지만 가장 조심해야 할 것은 바로 가족이다. 그리고 부모라면 불필요한 비판으로 아이의 마음에 열등감을 심어주는 것은 범죄로 인식되어야 한다.

하지만 인간의 본성을 잘 이해하는 고용주들은 직원들의 능력을 최대치로 끌어낸다. 비판에 의해서가 아니라 건설적인 조언을 통해서 말이다. 부모들도 자신의 아이들에게 이와 같은 리더십을 익혀야 한다. 비판은 인간의 마음에 두려움을 심거나 원한을 품게 하지만 사랑과 애정을 쌓지는 못한다.

이러한 두려움은 가난에 대한 두려움만큼이나 크기 때문에, 그 영향은 개인에 따라 치명적일 수 있다. 왜냐하면 주도적 능력을 파괴하고 창조적 상상력을 방해하기 때문이다.

비판의 두려움 증상은 다음과 같이 나타난다.

◆ 자의식 결여

일반적으로 신경질적이며, 낯선 사람을 만나 대화할 때 소심하다. 손과 팔다리의 떨림이 나타난다.

◆ 침착성 부족

목소리가 작으며 남들 앞에서 초조해한다. 몸의 자세가 엉거주춤하고 기억력이 좋지 않으며 신체 발달이 미흡하다.

◆ 자신감 결여

결단력이 부족하고 인간적인 매력이 결여되어 있다. 확실하게 의견을 표현하는 능력이 부족하며 문제를 정면으로 부딪치는 대신 옆걸음질 치는 버릇이 있다. 다른 사람의 의견을 세심하게 검토하지 않고 곧 동의해버리고 만다.

◆ 열등감

열등감을 감추기 위한 수단으로써 말을 함부로 내뱉거나 책임 없는 행동을 한다. 다른 사람의 주목을 끌기 위해 허풍을 떨거나 남의 옷차림, 말솜씨, 예의범절을 흉내 내려고 한다. 그리고 상상 속에서 이루어진 업적을 자랑하며 표면상 우월감을 가지려 한다.

◆ 낭비

수입 이상으로 돈을 쓰면서 허세를 부린다.

◆ 자신감 부족

의사 표현에 대한 두려움으로 자신의 발전을 위한 기회를 받아들이지 못한다. 자신감이 결여되어 있고 상급자의 질문에 회피적인 대답을 내놓는다. 말과 행동에서도 주저하거나 무엇인가 감추려 한다.

◆ 야망의 결여

정신적, 육체적으로 나태하며 자기주장이 부족하다. 의사결정이

느리고 다른 사람의 주장에 영향을 받기 쉽다. 뒤에서는 남을 비판하지만 면전에서는 아첨하는 습관이 있다. 아무런 저항 없이 패배를 받아들이며, 타인이 반대하면 포기한다. 이유 없이 사람을 의심하고, 예의는 물론 자기 실수에 대해 책임을 지려 하지 않는다.

3) 질병에 대한 두려움

이 두려움은 육체적, 사회적 유전에 기인할 수 있다. 이는 노화에 대한 두려움과 죽음에 대한 공포의 원인과 밀접히 연관되어 있다. 왜냐하면 인간이 알지 못하는 '생과 사'의 경계에 있기 때문이다. 때문에 이에 대한 다소 불편한 이야기도 있다.

이는 건강 보조식품 판매에 종사하는 일부 비윤리적인 사람들이, 병에 대한 공포를 조장하는 이른바 건강사업으로 노인들을 상대로 한 이런 장사는 예나 지금이나 번창하고 있다.

그러나 명성 있는 한 내과 의사는, 의료 서비스를 받기 위해 내과를 방문하는 사람들의 75%가 상상 질환을 앓고 있다고 한다. 즉 질병에 대한 두려움으로 인해 마음속에 병이 생긴 것이다.

인간의 마음은 항상 힘이 넘치고 건강해야 한다. 그리고 그 마음을 살리고 죽이는 것은 바로 우리 자신이다.

몇 년 전에 행해진 일련의 실험을 통해, 건강한 사람도 부정적인 암시에 의해 병에 걸릴 수 있다는 것이 증명되었다. 이 실험은 세 명의 협조자가 있어 가능했다.

먼저 첫 번째 질문자가 실험 대상자에게 "무엇 때문에 그리 안색이 안 좋아요? 몹시 아파 보이네요!"라는 질문을 했다.

그러자 대상자는 "아니, 아무것도 아니에요, 난 괜찮은데요." 하고 웃으며 태연하게 대답했다. 다시 두 번째 질문자가 나타나 똑같은 질문을 하자 대상자는 "글쎄요, 명확히 알지 못하겠지만, 어쩐지 기분이 좋지 않네요."라고 하였다. 이어서 세 번째 질문자가 묻자 대상자는 실제로 아프다며 그 증상을 나타냈다.

이는 질병이 부정적인 자기암시에 의해 초래된다는 증거일 것이다. 이러한 것들은 누군가로부터의 부정적인 영향, 혹은 자신의 마음속에서 스스로 만들어내는 것일 수도 있다.

모든 인간의 마음속에는 질병에 대한 두려움의 씨앗이 자라고 있다. 그리고 걱정, 사랑, 사업에 대한 실망은 이 질병에 대한 씨앗을 싹 트고 자라게 한다.

그중에서도 사업과 사랑에 대한 실망은, 질병에 대한 두려움의 원인 중에서 목록의 맨 위를 차지한다.

한 젊은 남자가 실연을 당해 병원에 입원하게 되었다. 몇 달 동안 사경을 헤매자 심리치료 전문의가 호출되었다. 전문의는 간호사를 바꾸면서(의사와의 사전 약속을 통해) 출근 첫날부터 그와 사랑에 빠지기 시작할 정도로 아주 친절하고 매력적인 젊은 여성이 담당하게 되었다. 3주 후에도 환자는 완전히 회복된 것은 아니었다. 전혀 다른 병을 가졌기 때문이었다. 이번에는 상사병이었다. 어찌 됐든 처음에는 치료를 위해서였지만 환자와 간호사는 축복 속에 결혼했다. 이 글을 쓸 당시 둘 다 건강하게 잘살고 있다.

질병에 대한 대표적인 공포의 증상은 다음과 같다.

◆ 부정적인 자기암시

온갖 종류의 질병의 증상을 예상함으로써 부정적인 자기암시를 거는 나쁜 습관이다. 또 상상 속의 병에 걸린 것처럼 즐기는 버릇이 있으며 다른 사람들에게 수술, 사고 및 다른 형태의 질병에 대해 잘 아는 것처럼 이야기하기를 좋아한다.

◆ 상상의 병

병에 대해 이야기하고, 마치 자신이 그 병이 걸린 것처럼 집중하다가 결국 신경쇠약이 되어 버린다. 이는 부정적인 사고의 습관으로 인해 생긴 병이므로 긍정적 사고만이 치료제이다. 상상의 병은 실제로 질병과 같은 고통을 가져오며 신경쇠약의 경우, 대부분은 이 상상의 질병에서 비롯된다.

◆ 운동 부족

질병에 대한 공포가 실제로 병을 가져온다. 무슨 일이든지 두려워하여 외출을 싫어하므로 운동 부족에 의한 과체중을 가져온다.

◆ 예민함

질병에 대한 두려움은 신체의 내성을 무너뜨리고, 어떤 형태의 질병이든 일으키기 쉬운 상태를 만든다. 질병에 대한 두려움은 '빈곤'에 대한 두려움과 관련이 있는데, 특히 의사의 진료비, 병원비 등을 지불해야 할 가능성에 대해 끊임없이 걱정한다. 이런 유형의 사람은 질병에 대한 준비나 죽음에 대해 이야기하고, 묘지를 구입하기 위해 저축하고, 장례비용 등에 관한 것도 신경을 쓴다.

◆ 꾀병

상상의 질병을 미끼로 삼아 동정을 사려고 한다. (사람들은 일을 하지 않기 위한 구실로 이런 수법을 쓰는 경우가 많다.) 게으름을 감추기 위해 노골적으로 병을 가장하거나, 야망의 부족을 질병 탓으로 돌린다.

◆ 약물 남용

원인을 제거하지 않고 술이나 약물을 남용함으로써 두통, 신경통 등 통증을 없애려는 습관이다. 특히 의학 광고를 수집하려고 한다.

4) 실연에 대한 두려움

질투는 실연에 대한 인간의 유전적인 두려움에서 비롯된다. 이 실연에 대한 두려움은 여섯 가지의 기본적인 두려움 중에서 가장 고통스러운 것이다. 이는 종종 영구적인 광기로 이어지기 때문에 다른 어떤 두려움보다 몸과 마음에 더 큰 혼란을 가중시킨다.

실연에 대한 두려움은 석기시대로 거슬러 올라간다. 당시의 남성들은 완력으로 여성을 빼앗았다. 오늘날에도 남성들은 여성을 독차지하려 하지만 방법이 바뀌었다. 이제는 힘 대신에 유혹적인 말이나 예쁜 옷, 약속, 속삭임, 기타 '미끼'를 던진다. 문명의 여명기 때부터 현재까지 방법만 다를 뿐 본질은 변한 것은 없다.

주의 깊은 분석에 따르면 여성은 남성보다 실연의 공포에 더 민감하다는 것을 알 수 있다. 이 사실은 쉽게 설명된다. 남성은 선천적으로 일부다처제를 원하며, 그런 이유로라도 여성은 남성을 완전히 믿지 않는다는 것이다.

이 실연의 두려움에 대한 뚜렷한 증상은 다음과 같다.

◆ 의심

아무런 근거도 없이 사랑하는 사람을 의심하는 습관. (질투는 가끔 폭력적으로 변하는 분열증을 일으키기도 한다.) 그 어떤 근거도 없이 아내나 남편을 불륜으로 고발하기도 한다. 모든 사람에 대해 의심하고 아무도 믿지 않는다.

◆ 잘못 듣기

친구, 친척, 사업 동료, 사랑하는 사람들에게 사소한 일에도 트집을 잡거나, 아무 이유 없이 잘못을 찾으려 하는 습관.

◆ 도박

사랑은 살 수 있다는 신념으로 도박, 도둑질, 부정행위, 그 밖에 사랑하는 사람에게 돈을 제공하기 위해 위험을 무릅쓰는 습관. 연인에게 호감을 살 목적으로 분수에 넘치는 과도한 지출, 또는 빚을 내서 사랑하는 사람에게 선물하는 습관. 불면증, 초조감, 끈기 부족, 의지 박약, 자제력 부족, 자립심 부족, 성미가 괴팍해진다.

5) 노화에 대한 공포

대체로 이 두려움은 두 가지 근원에서 자라난다.

노년에 가난해질지도 모른다는 생각과 주변 사람들에게 하찮은 존재로 취급받지 않을까 하는 존재에 대한 불안이다.

또 마음속에 심어둔 '저세상'에 가까이 간다는 끔찍한 그림으로부터 비롯된다.

나이가 들수록 더 건강이 악화되는 것 또한 두려움의 원인이 된다. 나이를 먹어감에 따라 성적 매력도 감소되기 마련이지만, 그 누구도 이를 중요하게 여기지 않기 때문에, 성적 매력 역시 노후에 대한 두려움의 원인이 된다.

그중에서도 노후에 대한 두려움 중 가장 큰 것은 역시 빈곤이다.

'양로원'은 결코 기분 좋은 말이 아니다. 쇠락한 노후를 양로원에서 보내야 한다고 생각하면 쓸쓸하고 암울하기만 하다.

노후에 대한 두려움의 또 다른 원인은 육체적, 경제적 자유 말고도 사회적으로도 자유를 잃을 가능성 때문에 두려움을 갖는 것이다.

노후에 대한 두려움의 가장 흔한 증상은 다음과 같다.

◆ 정신적인 노화

정신적으로 가장 왕성한 60세 무렵부터 노인 기분이 되어 스스로 나이 때문에 실패했다고 믿는다.

◆ 연령에 대한 변명

지혜와 너그러움의 나이가 된 것에 대해 감사를 표하는 대신, 단지 50~60세가 되었다는 이유로 '나이가 많다.'라고 변명.

◆ 소극적 태도

이해나 감사와 같은 자질을 발휘하기에는 자신이 너무 늙었다며 진취력, 상상력, 자립심을 스스로 죽이는 습관.

6) 죽음에 대한 두려움

모든 기본적인 두려움 중에서 죽음에 대한 공포만큼 잔인한 것은 없다. 그리하여 죽음의 공포에 대한 끔찍한 고통은, 사람들을 종교적 광신주의에 물들게도 한다. 이른바 '광신도'는 종교심이 워낙 강해 일반 사람들보다 죽음을 덜 두려워한다.

예로부터 인간은 여전히 풀리지 않는 언제, 어디서 죽을 것인가에 대해 질문을 던져왔다. 먼 옛날 교활한 자들은 이런 질문에 교묘하고 영악하게 대답했다.

"나의 장막으로 들어와 나를 믿어라. 그리하면 너희가 죽을 때 바로 천국으로 갈 수 있다."

나는 인간이 숭배해 온 30,000가지의 신을 나열한 '신들의 목록'이란 책을 검토했었다. 생각해 보라. 그중 시냇물에 사는 가재에서 거미에 이르기까지 모든 것이 신으로 간주된다. 그리고 죽음이 다가옴에 따라 사람들이 겁을 먹게 되는 것은 별로 놀라운 일이 아니다.

사실 그 어떤 사람도, 하늘과 지옥이 어떤 것인지, 어느 곳이 실제로 존재하는지 알지 못한다. 이러한 지식의 부족은 사기꾼의 상투적인 속임수와 각양각색의 입에 발린 소리로 마음의 문을 열어주기 때문에, 그 마음을 통제하고 들어올 수 있는 것이다.

그러나 이제 죽음의 공포는 과거 대학이나 과학이 없던 시대처럼 암울하거나 절망스럽지만은 않다. 고등교육을 받는 젊은 남녀들은 이제 불과 유황 따위에는 현혹되지 않는다. 생물학, 천문학, 지질학, 기타 관련 과학의 도움으로, 인간의 마음을 사로잡고 이성을 파괴하던 암흑기에 대한 두려움을 해소한 것이다.

누가 어떻게 생각하든 죽음은 다가올 것이다. 이를 당연한 것으로 받아들이고, 죽음에 대한 생각을 마음속에서 떨쳐 버려야 한다.

세상은 오직 두 가지, 에너지와 물질로 이뤄져 있다. 기초 물리학에서 우리는 물질이든 에너지든 변형될 수 있지만 둘 다 창조하거나 파괴할 수는 없다고 배웠다.

생명은 무엇이 되었든 에너지라고 말할 수 있다. 에너지도 물질도 파괴될 수 없다면 물론 생명도 파괴될 수 없다. 생명은 다른 형태의 에너지와 마찬가지로 다양한 변환의 과정과 변화를 할 수 있지만 소멸될 수는 없는 것이며, 죽음은 단순한 변화에 불과한 것이다.

죽음이 소멸이 아니라면 죽음 뒤에 오는 것은 길고 영원하며 평화로운 잠 외에는 아무것도 없을 것이다. 잠 이후에는 아무런 일도 일어나지 않으며 두려울 것이 없다. 그러므로 당신은 죽음의 공포를 영원히 지울 수 있을지 모른다. 죽음에 대한 공포는 단지 무지일 뿐이다.

이 죽음에 대한 두려움의 일반적인 증상은 다음과 같다.

◆ 죽음에 대한 걱정

일반적으로 삶의 목표의 결여, 또는 적절한 직업이 없어서 최선의 삶을 살지 못해, 죽음에 대해 생각하는 습관. 이러한 두려움은 노인들 사이에 더 널리 퍼져 있지만, 때로는 젊은 사람들에게도 있다. 바쁜 사람은 좀처럼 죽음을 생각할 시간조차 없다. 오히려 죽음을 걱정하기에는 인생이 너무도 짜릿하다고 생각한다.

◆ 빈곤에 대한 공포

때때로 죽음에 대한 두려움은, 자기의 죽음으로 인해 사랑하는 사람들이 빈곤에 허덕이게 될지 모른다는 두려움과도 밀접한 관련이 있다.

◆ 질병과 광기

건강 악화, 사랑에 대한 배신, 정신이상, 종교적 맹신 등도 죽음에 대한 공포를 야기한다.

노화에 대한 고민

▶──────────────── 고민이란 두려움에 근거한 마음의 상
태를 말한다. 이는 조금씩 쌓이지만 태산처럼 마음속에 쌓인다. 또한
교활하고 미묘하게 마음속을 지배한다. 한 걸음 한 걸음 나아가서 인
간의 생각하고 논의하는 능력을 마비시킨다. 또한 고민은 우유부단
함을 초래한다. 우유부단하면 마음이 안정되지 않아 정상적인 환경
에서도 빠른 결단을 내리지 못하고, 결단을 내린 후에도 쉽게 변경하
게 된다.

　나는 일단 확고하게 결정하면 나머지에 대해서는 일절 걱정하지
않는다.

　나는 2시간 후에 전기의자에 앉게 될 사형수를 인터뷰한 적이 있
다. 그 사람은 그날 사형수 8명 중에서 가장 차분했다. 그의 평온함은,

아주 안정된 것으로 보였고 그의 마음이 어떤지 묻고 싶었다.

"잠시 후면 영원한 잠 속으로 빠져들어야 하는데 기분이 어떤지요?"

그러자 그는 자신감이 넘치는 미소를 띤 채 대답했다.

"괜찮습니다. 이제 곧 제 고민이 끝날 거예요. 저는 평생 고민만 했어요. 옷과 음식을 구하는 건 힘든 일이었죠. 그러나 곧 그것들이 필요하지 않을 거예요. 죽는다는 사실을 확실히 알고 마음의 각오를 한 후부터 줄곧 기분이 괜찮았어요. 저는 그때부터 선한 마음으로 제 운명을 받아들이기로 했어요."

그는 이렇게 말하면서 세 사람이 먹을 수 있는 양의 식사를 해치웠고, 자신에게 죽음이 기다리지 않는 것처럼 식사를 즐기는 것 같았다. 이 남자에게 자신의 운명을 받아들이도록 한 것은 그의 '각오'였다. 각오는 결단을 바라지 않는 상황을 받아들이는 것도 막을 수 있다.

죽음을 피할 수 없는 것으로 받아들이기로 '각오'함으로써, 죽음의 공포에서 영원히 벗어날 수 있었던 것이다.

고민하지 않고 축적할 수 있는 부가 무엇이 되었든, 당신은 그 '고민'과 잘 지내기로 각오함으로써 가난에 대한 두려움에서 벗어날 수 있다. 다른 사람의 생각, 행동, 또는 말에 고민하지 않기로 함으로써, 비판이라는 두려움에서 벗어날 수 있다.

노후에 대한 두려움 역시 장애가 아닌 지혜와 자기통제, 이해가 따르는 큰 축복으로 받아들이기로 각오함으로써 떨쳐버려야 한다.

질병이 있다면 그 증상을 잊기로 결정함으로써 건강에 대한 두려움을 없애야 한다. 필요하다면 사랑 없이 지내기로 각오함으로써 사랑의 상실에 대한 두려움을 이겨내야 한다.

인생이 우리에게 제공할 수 있는 것은 고민하느라 대가를 치를 필요가 없다는 사실이다. 이 결정과 각오가 행복을 가져다줄 마음의 평화와 생각의 평온을 찾게 될 것이다.

두려움에 가득 찬 사람은, 지적으로 행동할 기회를 잃어버릴 뿐 아니라, 그와 상대하는 사람의 마음에도 부정적인 감정을 전달해 그 사람의 기회까지도 앗아간다.

개나 말조차도 주인이 용기가 부족한 때를 알아챈다. 더욱이 개나 말은 주인의 두려움을 포착하여 거기에 맞춰 행동할 것이다. 동물의 세계에서도 이와 같은 두려움을 알아챌 수 있는 능력을 발견하게 된다.

꿀벌은 사람의 마음속에서 즉시 두려움을 감지한다. 꿀벌은 알 수 없는 이유로, 마음에서 두려움의 진동을 발산하는 사람에게 침을 쏘게 된다.

두려움의 진동은 마치 목소리 신호가 라디오 수신기에 포착되는 것처럼 빠르고 확실하게 마음에서 마음으로 전달된다.

마음의 평화를
얻어야 한다

▶───────────── 생각을 방출하는 사람, 혹은 그 생각을
수신하는 사람이 인정하든 안 하든, 생각은 마음에서 다른 마음으로
전달된다. 부정적이거나 파괴적인 생각을 방출하는 사람은, 말로 하
지 않아도 전염되기 마련이며, 그 사람은 그 대가로 창조적 상상력을
잃어버리게 된다.

그리고 마음속에 파괴적인 감정이 존재하면 주변 사람을 밀어내는
부정적인 성격이 강화되고, 종종 사람들을 적대자로 만든다. 또한 부
정적인 생각을 발산하는 사람에게 초래되는 피해는, 다른 사람에게
도 피해를 줄 뿐만 아니라, 부정적인 생각의 충동이 자신의 잠재의식
에 새겨져 성격이 된다는 사실이다.

당신은 아마도 인생에서 성공을 거두고 싶을 것이다. 성공하기 위

해서는 마음의 평화를 얻고, 불안과 공포를 없애며, 무엇보다도 행복을 얻어야 한다. 이 모든 성공은 생각과 야망이라는 형태로부터 비롯된다.

당신은 자신의 마음을 통제할 수 있다. 자신에 대한 생각을 통제할 권한이 있는 만큼, 분명 자기 운명의 주인이 되어야 한다.

자신의 마음을 고요하고 질서정연하게 조절해 원하는 삶을 만들 수 있다.

사악한 악마로부터
자신을 방어해야 한다

▶──────────── 6가지의 기본적인 두려움 외에도 사람들이 고통을 받는 또 다른 악마가 있다. 이는 실패의 씨앗이 풍성하게 자라도록 풍요로운 토양을 이루고 있고, 워낙 미묘해서 쉽게 감지되지도 않는다. 이것의 고통은 두려움으로 분류하기도 적절하지 않다. 이것은 6가지 두려움보다 더 깊이 잠복해 있고 훨씬 치명적인 타격을 입게 된다. 더 나은 명칭이 나올 때까지 일단 나는 이것을 부정적인 영향을 강화하는 '사악한 악마'라고 부르겠다.

　큰 부를 축적하는 사람은 언제나 이 악으로부터 자신을 보호한다. 그러나 가난에 찌든 사람은 절대 그렇게 하지 않는다. 어떤 목표로 했든 성공하려는 사람은 이 악마에 저항할 마음의 준비를 해야 한다.

　만약 당신이 부를 축적하려는 목적으로 이 성공철학을 읽고 있다면, 당신이 부정적인 영향을 받기 쉬운 사람인지 아닌지 결정하기 위해 자신을 면밀하게 살펴봐야 한다. 이러한 자기분석을 게을리하면 원하는 것을 얻을 권리를 상실하게 된다.

이러한 자기분석을 위해 준비한 질문을 읽은 후, 엄격한 설명에 따라 답변을 해야 한다.

매복해서 당신을 기다리고 있는 적을 찾는 것처럼 신중하게 임무를 수행하고, 확실하게 자신의 결점을 처리할 수 있어야 한다.

당신은 '법'이 당신의 권리를 지켜주기 때문에, 노상강도들로부터 보호받을 수 있다. 하지만 7번째 '사악한 악마'는 그 존재를 알지 못하고, 잠들었을 때나 깨어 있을 때도 공격해 오기 때문에 알아채기가 더 어렵다. 게다가 소리도 없거니와 모습도 보이지 않으므로 더욱 제압하기가 어렵다. 그것은 오직 당신의 마음 상태로 구성되어 있을 뿐이다.

이 악마는 또한 다양한 형태로 공격해 오기 때문에 아주 위험하다. 때로는 친지들의 선의의 말을 통해서도 들어오고, 때로는 자신의 정신적 태도를 통해 내부로부터 스스로 만들어내기도 한다. 그리고 이것은 독처럼 매우 치명적이면서도 쉽게 죽지 않는다.

자신이 만들어낸 것이든, 혹은 주변의 부정적인 사람들이 만들어낸 것이든, 부정적인 영향으로부터 자신을 보호하고 지켜야 하는 것은 당신 자신이다. 그리고 알아두어야 할 것은 당신에게는 의지의 힘이 있다는 사실이다. 당신은 그 부정적인 영향에 대해 의지의 힘으로 면역체계를 구축해두어야 한다.

사람은 누구나 자신의 결점에 대해 개선하기보다는 관대해지려는 경향이 있다. 아마 당신도 그럴지 모른다.

파괴적이고 부정적인 사고를 허용하는 마음은 당신의 잠재의식 속에 숨어 있으며 그 발견이 어렵다. 따라서 마음속에서 모든 부정적이고 파괴적인 사고를 내쫓아버려야 한다. 실패와 불행에 따른 두려움과 고민도 깨끗하게 버리고 의연하게 일어나 긍정적이고 창조적인 마음의 문을 활짝 열어두어야 한다.

자기분석을 위한 질문

• 기분이 나쁘다고 자주 호소하는가? 만약 그렇다면 그 원인은 무엇인가?

• 하찮은 것이라도 다른 사람의 결점이 눈에 띄는가?

• 업무상 실수를 자주 하고 있다면 그 이유는 무엇인가?

• 상대방과 대화 중 비꼬거나 공격적이지 않은가?

• 타인과의 관계를 피하고 있는가? 그렇다면 그 이유는 무엇인가?

• 소화불량에 자주 걸리는가? 그렇다면 원인은 무엇인가?

• 인생이 헛되고 미래가 절망적으로 보이는가? 그렇다면 그 이유는 무엇인가?

• 자신의 직업이 마음에 들지 않는가? 그렇다면 그 이유는 무엇인가?

• 당신은 자주 자기연민을 느끼는가? 만약 그렇다면 왜 그런가?

　당신은 자신을 능가하는 사람들이 부러운가?

　성공과 실패를 생각할 때 어느 쪽에 많은 시간을 할애하는가?

　나이가 들면서 자신감을 얻는가 아니면 잃는가?

- 모든 실수로부터 가치 있는 것을 배우는가?

- 친척이나 지인에게 누를 끼친 일이 있는가? 만약 그렇다면 어떤 일인가?

- 때로는 절망의 구렁텅이에 빠져 있는가?

- 당신에게 가장 큰 영향을 미치는 사람은 누구인가? 그 이유는 무엇인가?

- 일부러 부정적이거나 파괴적인 사고를 허용하는 일이 있는가?

- 자신의 외모에 부주의한가? 그렇다면 그 이유는 무엇인가?

- 너무 바쁘게 함으로써 고민을 줄이는 방법을 사용하고 있는가?

- 술, 약물 또는 담배에 의존하여 고민을 해결하려고 한 적이 있는가?

- 누군가 당신에게 잔소리를 하는가? 만약 그렇다면 무슨 이유로 잔소리를 하는가?

- 당신은 명확한 목표를 가지고 있는가? 그렇다면 그것은 무엇이며, 그 목표를 달성하기 위해 어떤 구체적인 계획을 가지고 있는가?

- 6가지의 기본 두려움 중 어느 한 가지로 인해 어려움을 겪고 있는가?

- 다른 사람의 부정적인 영향으로부터 자신을 보호할 수 있는 방법이 있는가?

- 긍정적이고 강한 마음을 갖기 위해 자기암시를 사용하는가?

- 물질적 소유와 생각을 통제하는 능력 중 어느 것이 가치가 있다고 생각하는가?

- 다른 사람의 의견에 쉽게 영향을 받는가?

- 자신을 불행하게 만드는 상황에 정면으로 맞서는가? 아니면 책임을 회피하고 있는가?

- 모든 실수와 실패를 분석할 수 있는가?

- 당신의 가장 큰 세 가지의 약점을 말할 수 있는가? 그것들을 바로잡기 위해 무엇을 하고 있는가?

- 다른 사람들이 당신에게 동정심을 갖도록 하는 일이 있는가?

- 일상의 경험으로부터 교훈을 삼고 있는가?

- 당신의 존재가 다른 사람에게 부정적인 영향을 끼치고 있지는 않은가?

- 다른 사람의 어떤 습관이 당신을 가장 괴롭히는가?

자기분석을 위한 질문

- 항상 마음의 평정심을 유지하려고 노력하는가?

- 당신의 직업이 당신에게 신념과 희망을 주는가?

- 당신은 모든 형태의 두려움으로부터 자유로울 수 있도록 의식적으로 노력하고 있는가?

- 당신의 종교는 마음의 평정심을 갖는 데 도움이 되는가?

- 다른 사람의 고민을 공유하는 것이 자신의 의무라고 생각하는가? 만약 그렇다면 그 이유는 무엇인가?

- 가장 가깝게 지내는 사람으로 불행을 겪은 일은 없는가?

- 누가 도움이 되고 누가 해를 끼치는지 판단하는가?

- 당신의 친근한 동료들은 당신보다 정신적으로 우월한가 아니면 열등한가?

- 다음에 열거한 사항 중 하루 동안 할애하는 시간을 적어보자.

  - 일:
  - 수면:
  - 놀이와 휴식:
  - 유용한 지식 습득:
  - 낭비:

- 현재 직면하고 있는 가장 큰 문제는 무엇인가?

- 타인으로부터 충고나 조언을 들었을 때 솔직하게 그것을 받아들일 수 있는가?

- 당신 주위에 다음과 같은 사람이 있는가?

  - 당신에게 용기를 주는 사람: Yes or No

  - 가장 경계하는 사람: Yes or No

  - 항상 당신을 견제하는 사람: Yes or No

- 다른 사람이 당신을 어떻게 생각하는지 항상 신경이 쓰이는가?

- 당신은 무슨 일이든지 끝까지 해내는가?

- 사회적인 지위나 명망이 있는 사람과 친해보려고 시도한 적이 있는가?

- 현재 본받을 사람이 있는가? 있다면 그 사람은 당신보다 어떤 점이 뛰어난가?

'만약'이라는
사람의 변명

▶───────── 성공하지 못한 사람들은 공통적으로
한 가지 특징을 가지고 있다. 그들은 실패의 모든 이유를 알고 있고,
자신의 성취 부족을 설명하는 데 완전한 핑곗거리를 댈 수 있다는 점
이다.

한 정신분석의 권위자가 가장 많이 사용하는 핑곗거리 목록을 작
성했다. 목록을 읽으면서, 자신을 주의 깊게 살펴보자. 만약 있다면
이 알리바이 중 얼마나 많은 것들이 당신에게 해당되는지 자기분석
을 해보자. 그리고 다음의 핑곗거리들은 절대 믿지 말고 속지 말아야
한다.

- 아내와 가족이 없었다면……
- 내게 많은 돈이 있었다면……

- 만약 내가 좋은 교육을 받았다면……
- 만약 내가 좋은 직장에 다녔더라면……
- 만약 내가 건강했다면……
- 좀 더 시간이 있었다면……
- 좀 더 타이밍이 좋았다면……
- 만약 다른 사람들이 나를 알아 주었다면……
- 만약 좀 더 조건만 달랐다면……
- 만약 내가 내 인생을 다시 살 수 있다면……
- 만약 내가 그들이 뭐라고 말할지 두려워하지 않았다면……
- 만약 나에게 기회가 주어졌더라면……
- 나에게 운이 따라주었다면……
- 만약 내가 더 젊었다면……
- 내가 하고 싶은 대로 했다면……
- 만약 내가 부자로 태어났다면……
- 만약 내가 좀 더 훌륭한 사람들을 만날 수 있었다면……
- 만약 내가 능력이 있었다면……
- 만약 내가 말주변이 있었다면……
- 만약 내가 그때 그 기회를 받아들였더라면……
- 만약 자식들이 없었다면……
- 내가 돈을 좀 모아둔 것이 있었다면……
- 만약 상사가 나를 제대로 평가해주었다면……
- 누군가가 나를 도와주었다면……

- 만약 우리 가족이 나를 이해했다면……

- 만약 내가 도시에 살았다면……

- 만약 내가 자유롭다면……

- 내가 그렇게 뚱뚱하지 않았다면……

- 내 재능이 인정받을 수 있었다면……

- 만약 내가 휴식을 얻을 수 있었다면……

- 만약 내가 빚에서 벗어날 수 있었다면……

- 만약 내가 실패하지 않았다면……

- 만약 모두가 반대하지 않았다면……

- 만약 내가 그렇게 많은 걱정을 하지 않았다면……

- 만약 내가 좀 더 좋은 사람과 결혼할 수 있었다면……

- 만약 사람들이 그렇게 멍청하지 않았다면……

- 만약 우리 가족이 사치스럽지 않았다면……

- 만약 내가 자신감이 있었다면……

- 만약 운이 다시 돌아온다면……

- 만약 내가 나쁜 곳에서 태어나지 않았다면……

- 만약 내가 돈을 잃지 않았다면……

- 만약 내가 다른 동네에 살았다면……

- 만약 나에게 과거가 없었다면……

- 만약 내가 내 사업체만 가지고 있었다면……

- 만약 다른 사람들이 내 말을 좀 더 들어주었다면……

지금까지 열거한 '만약 ……' 중에서도, 정말로 있는 그대로의 내 자신을 볼 용기만 있다면, 자신의 잘못이 무엇인지 알아내고 그것을 바로잡을 수 있다. 그러면 자신의 잘못을 깨달아 다른 사람들의 경험으로부터 유익한 것들을 얻었을 것이다. 그리고 핑곗거리나 알리바이를 만드느라 쓴 시간을 줄이고 자신의 약점을 분석하고 강점을 발견하기 위해 노력한다면 좀 더 자신을 성장시킬 수 있을 것이다.

변명을 해서는 안 된다

▶──────────── **자신의** 실패를 변명하려 핑계를 대서는 안 된다. 이 습관은 인류의 탄생만큼이나 오래되었고 성공으로 가는 길에 치명적인 위험요소다. 왜 사람들은 그토록 많은 핑계를 대는 것일까? 답은 뻔하다. 사람들은 자신이 만들어낸 핑계를 위해 또 따른 핑계를 만들어야 하기 때문이다.

핑계를 만드는 것은 뿌리 깊은 습관이다. 그리고 고착된 습관은 고치기 어렵다. 플라톤은 이렇게 말했다.

"최고의 승리는 자신을 정복하는 것이다. 자기 자신에게 정복당하는 것만큼 창피하고 부끄러운 일은 없다."

또 다른 철학자는 이렇게 말했다.

"남에게서 본 모든 추악함을 나에게서 발견했을 때만큼 놀라운 것은 없다."

엘버트 허바드는 "왜 사람들이 자신의 약점을 감추기 위해 핑계를 만들어, 스스로 바보로 만드는지 모르겠다. 핑계를 대기 위해 그토록 많은 시간을 소비하는 시간에 자신의 약점을 개선하는 데 썼더라면 또 다른 핑계를 만들어낼 일도 없었을 것이다."라고 말했다.

당신도 이전에는 핑계를 대며 변명했을지도 모른다. 하지만 이제는 핑계 따위는 쓸모가 없어졌다. 왜냐하면 이제 당신은 풍요로운 삶과 부의 문을 여는 마스터키를 갖고 있기 때문이다.

마스터키는 무형의 것이지만 강력하다. 그것은 부에 대한 간절한 소망을 당신의 마음속에 창조할 수 있는 특권이다. 마스터키의 사용료는 없지만 사용하지 않을 경우 반드시 지불해야 할 대가가 있다. 그것은 바로 실패다.

이제 당신은 인생의 성공철학이라는 마스터키를 키를 사용함으로써 그에 따른 보상이 주어질 것이다. 이는 당신의 노력에 대한 합당한 보상이다. 자기 자신을 테스트하고 확신을 더하여 힘찬 출발을 해야 한다.

에머슨은 말했다.

"만일 인연이 있다면 다시 만납시다."

다시 필자가 그의 생각을 빌려 말한다.

"만일 인연이 있다면, 이 책을 통해 다시 만납시다."

어떻게 친구를 얻고 사람을 변화시킬 수 있을까
워렌 버핏도 극찬한
데일 카네기의 역작!

전 세계
1억 부 판매된
초대형
베스트셀러

타임지 선정
최고의
자기 계발서

국제코치연합
성공철학
필독서

1936년, 초판본 무삭제 완역본

데일 카네기
인간 관계론

데일 카네기 지음 / 유광선·김광수·장비안 옮김 / 4×6배판 / 300쪽 / 값 : 19,000원

이 책은 행동을 위한 실천 지침서이다!

데일 카네기는 세상에는 수많은 능력을 지닌 사람이 많지만, 그중에서도 '친구를 얻고 사람을 변화시킬 수 있는 능력'이야말로 가장 위대한 능력이라고 말하였고, 그러한 자신의 신념을 바탕으로 강의를 진행하였다. 그리고 그 교육에서의 실천사례와 내용을 종합하여 그의 대표 저서인 '인간관계론How To Win Friends and Influence People'을 저술했다. 이 책의 저자는 요즘같이 눈부시게 진보하는 현대 사회에서 인간관계를 조정하는 원리를 찾았고 아울러 풍부한 경험을 바탕으로 알기 쉽게 그 원리를 설명하고자 했다.

어떻게 걱정 없는 인생을 살며 성공할 수 있을까

워렌 버핏도 극찬한
데일 카네기의 역작!

전 세계
1억 부 판매된
초대형
베스트셀러

타임지 선정
최고의
자기 계발서

국제코치연합
성공철학
필독서

국내 최초 완역 무삭제

데일 카네기
자기 관리론

데일 카네기 지음 / 유광선·김광수·장비안 옮김 / 4×6배판 / 408쪽 / 값 : 18,000원

걱정 없이 살게 해줄 가장 효과적인 실행법!

이 책에서는 '익명의 누군가' 또는 '미스터 김과 미세스 리'와 같은
상상 속 인물에 관한 이야기를 찾을 수 없다.
일부 드문 경우를 제외하고, 실존 인물의 실명과 사는 곳을 명시하였다.
모든 것은 실제로 일어난 이야기로, 등장인물들이 그 신빙성을 부여한다.
이 책은 오랜 시간을 거쳐 검증된, '걱정을 물리치기 위한'
성공적 비결의 집대성이자 완결판이다.